EL ÉXITO A LA MANERA DE DIOS

D1450576

EL ÉXITO A LA MANERA DE DIOS

CHARLES STANLEY

THOMAS NELSON
Since 1798

Thomas Nelson, Inc.
Nashville, TN—Miami, FL (EE.UU.)

Título en inglés: *Success God's Way*
©2000 por Charles Stanley
Publicado por Thomas Nelson, Inc.

Traductor: Ricardo Acosta

ISBN: 0-88113-608-5

Impreso en EE.UU.
Printed in U.S.A.

CONTENIDO

INTRODUCCIÓN

ॐ

Dios desea que usted triunfe

¿Pueden realmente ir de la mano el éxito y una vida piadosa? Antes de contestar esa pregunta, considere las siguientes personas que quieren saber más sobre cómo triunfar desde una perspectiva cristiana:

Jeff, de veintiocho años, ve cómo sus amigos incrédulos suben por la escalera del éxito a paso vertiginoso, mientras todos sus amigos cristianos parecen luchar por mantenerse a flote en sus carreras. Sus amigos incrédulos hablan frecuentemente de los libros de moda orientados hacia el éxito que leen y les ayuda en sus profesiones, mientras a sus amigos cristianos parece importarles muy poco su éxito personal. Jeff se pregunta: Es correcto que un cristiano desee triunfar en la vida?

Karen, de treinta y cinco años, ve cómo su esposo trabaja cuarenta y cinco horas a la semana, obteniendo un modesto salario por su trabajo honrado mientras ella se queda en casa trabajando a tiempo completo como esposa, madre y ama de casa. Ella sabe que aunque llevan una vida moral e íntegra, que son miembros activos de su iglesia, y que diezman con regularidad, apenas tienen suficiente dinero para sobrevivir cada mes. Por el contrario, Diana, una amiga suya, trabaja a tiempo completo y tiene a sus hijos en guardería, no diezma ni asiste a la iglesia, su marido está en la senda ascendente del éxito, tiene mucha vida social y aparentemente tiene gran cantidad extra de dinero para darse lujos con los que Karen ni siquiera puede soñar. Ella se pregunta: Puede alguien llevar una vida piadosa y aun así tener éxito?

Marge, en sus cincuenta, ha trabajado cuarenta años en la fábrica local y, según la mayoría de los que la conocen, ha llevado una vida difícil aunque ha trabajado a un ritmo constante y ha enseñado a sus tres hijos a amar a Dios. Siendo madre soltera, lo rutinario era que muchas veces dejara de comprarse un vestido nuevo o de salir con amigos, por satisfacer en uno de sus hijos o nietos lo que ella percibía como una necesidad. Marge pregunta: Está aun Dios interesado en que triunfemos?

Paul, de cuarenta y cinco años, creía estar seguro en su elevado puesto directivo en la empresa con la que había trabajado durante veinte años. Entonces hubo una reorganización en la empresa y quedó cesante. En casi un año de búsqueda activa de empleo no había sido capaz de encontrar una posición similar. Paul vió cómo en ese tiempo los ahorros familiares se disminuyeron a la mitad. Se preguntaba: Cómo podemos estar seguros de que Dios nos ayudará a triunfar?

Muchas personas se hacen las mismas preguntas que se han hecho Jeff, Karen, Marge y Paul. Por regla general, parece que los cristianos se hacen estos cuestionamientos a partir de una de estas dos perspectivas: o han llegado a la conclusión de que el Señor no se preocupa de que tengan éxito, aunque todavía anhelen tenerlo, o esperan que Dios les permita triunfar.

Según parece, casi todas las personas creen que el éxito está limitado a cierto grupo de individuos con indudables cualidades para triunfar. También creen que solamente cierto segmento de la sociedad tiene alguna esperanza de lograr el éxito, y que este segmento no es precisamente al que pertenecen. Otros tienen la firme creencia de que el triunfo es algo que solo pueden obtener quienes están dispuestos a mentir, engañar o robar, y por consiguiente no es algo que los cristianos deben desear.

Parece que muy pocos cristianos creen, en lo más recóndito de su corazón, que en realidad a Dios sí le interesa su triunfo y que está comprometido a ayudarlos a ser prósperos. Por otra parte, muchos de quienes a los ojos del mundo tienen éxito, tienden a mirar a algunos cristianos y a decir con desdén: No quiero ser como ellos. Estas personas también cuestionan, o no creen, que Dios desee que su pueblo tenga éxito.

Desde el mismo principio de este libro deseo afirmar mi firme convicción de que Dios quiere que sus hijos prosperen y que no solamente lo anhela sino que también está comprometido a ayudarlos a tener éxito. Es más, la mayoría de conceptos que se podrían calificar como principios para triunfar se basan en la Palabra de Dios.

El éxito y una vida piadosa

Existe una contradicción entre triunfar y llevar una vida piadosa? Según parece, muchos creen que sí. Aquellos que promocionan el éxito hablan de hacer planes. Sin embargo, la Biblia dice: No os afanéis por el día de mañana, porque el día de mañana traerá su afán. Basta a cada día su propio mal (Mateo 6.34).

Los que abogan por el éxito hablan de ejercitar el autocontrol y de encargarse de su propio destino. La Biblia enseña acerca del espíritu de dominio propio, que es conducido por el Espíritu de Dios en todas las cosas. Jesús enseñó: Cuando venga el Espíritu de verdad, Él os guiará a toda la verdad (Juan 16.13).

Los que predican el éxito hablan de tener confianza en sí mismos, pero la Biblia enseña claramente que no tengamos confianza en la carne (Filipenses 3.3).

Quienes promocionan el triunfo dicen que la aspiración debe ser convertirse en el número uno o fijarse en el número uno. Dibujan una imagen del éxito en la que se sube por una competitiva escalera. Retratan un mundo de competencia brutal, en el cual los que están dispuestos a utilizar a otros se abren camino como pueden hacia la cumbre. En agudo contraste, Jesús dijo: A cualquiera que te hiera en la mejilla derecha, vuélvele también la otra; y al que quiera ponerte a pleito y quitarte la túnica, déjale también la capa; y a cualquiera que te obligue a llevar carga por una milla, ve con él dos (Mateo 5.39-41). El apóstol Pablo enseñó que los cristianos deben caminar con toda humildad y mansedumbre, soportándoos con paciencia los unos a los otros en amor, solícitos en guardar la unidad del Espíritu en el vínculo de la paz (Efesios 4.2-3). Leemos en Santiago 4.10: Humillaos delante del Señor, y Él os exaltará.

Pregunté al principio de este capítulo: Pueden realmente ir de la mano el éxito y una vida piadosa? Sin lugar a dudas! La clave yace en nuestra definición de *éxito* y en nuestra profunda comprensión de cuánto desea Dios que triunfemos. Si en realidad queremos triunfar, a la manera de Dios, debemos comenzar con una definición del éxito *basada en la Biblia*.

1

¿CUÁL ES SU DEFINICIÓN DE ÉXITO?

¿Cómo define usted el *éxito*? Si aspira a triunfar, ¡primero debe saber a qué le está apuntando!

Para un entrenador de fútbol, el *éxito* podría ser ganar un campeonato nacional.

Para un vendedor, el *éxito* podría ser convertirse en el número uno de su empresa.

Para un estudiante universitario, el *éxito* podría definirse como obtener su grado.

Para un ama de casa, el *éxito* podría ser tener una bonita vivienda.

Para un hombre de negocios, el *éxito* podría estar en ganar un millón de dólares al año.

Para un padre, el *éxito* podría ser criar sus hijos piadosos.

Las definiciones van y vienen, dependiendo a quién le pregunte y cuándo lo haga.

Para Scott, el éxito se definía como darse la buena vida. Cuando cumplió los treinta años ya tenía un negocio propio y trabajaba entre setenta y ochenta horas a la semana. Estaba casado, tenía dos hijos, conducía el auto de lujo que quería (y su esposa, conducía el auto que ella quería), y tenía una casa en las afueras de la ciudad. Scott iba a la iglesia al menos una vez al mes, lo cual creía suficiente para hacer que sus hijos estuvieran en contacto con las historias bíblicas en la escuela dominical. También iba de pesca submarina, su única distracción o actividad recreativa, por lo menos una vez al mes.

La meta más importante de Scott era jubilarse a los cincuenta años y vivir en una casa en la playa, para poder pescar las veces que quisiera. Por regla general, muchas personas definen el *éxito* como «establecer una meta y cumplirla». Sin embargo, esa definición es limitada. Un sujeto podría establecer como objetivo algo perverso o algo bueno. La naturaleza de la meta es un factor clave en el éxito, especialmente si tratamos con la opinión que *Dios tiene* del éxito.

Nuestro enfoque humano para triunfar tiende a ser: he aquí mi meta. El enfoque del Señor es: he aquí la persona que deseo que seas, he aquí lo que deseo que hagas, y he aquí cómo llegar a ser esa persona y cómo hacer esa tarea. Encontramos el éxito como cristianos *siendo* personas devotas y *obedeciendo* las instrucciones de Dios. Nuestra vida como creyentes no se limita a lo que ganamos o tenemos sino a quiénes *somos* en Jesucristo.

A primera vista podría ser muy fácil criticar a Scott por tener una meta superficial, una que realmente no abarca la totalidad de su vida. No obstante, la opinión de él podría ser otra. Scott fue criado en la iglesia y creía en Jesucristo. Recibió el perdón de Dios a los doce años de edad, mientras se hallaba en un campamento de jóvenes. Se consideraba un cristiano nacido de nuevo. Por eso iba a la iglesia una vez al mes, y así cumplía con su obligación espiritual hacia sus hijos. Tenía un anhelo (sí, tal vez hasta una meta) de que sus hijos fueran salvos.

Sin embargo, Scott no había enfrentado el hecho de que el Señor quería más para él, y de él, que la aceptación de Jesucristo como Salvador. Dios deseaba para Scott y su familia que siguieran a Jesucristo como *Señor*; que basaran sus metas y anhelos en los propósitos y deseos que Dios tenía para sus vidas.

Un anhelo continuo de buscar los deseos del Señor

Lo primero y más importante que debemos reconocer es que como creyentes somos los hijos y las hijas del Dios viviente. El éxito desde la perspectiva divina no comienza ni termina con lo que *hacemos* en nuestras vidas. Empieza y termina con quiénes *somos* como sus hijos. He aquí la definición de *éxito* en la cual se basa este libro:

> El éxito es el logro continuo de llegar a ser la persona que Dios quiere que usted sea y lograr las metas que él le ha ayudado a establecer.

Desde la perspectiva de esta definición, las personas impías no pueden tener éxito verdadero. Es posible que acumulen cierta cantidad de riquezas materiales, que obtengan cierto grado de fama, que consigan cierta cantidad de títulos o reconocimientos, que ganen cierto nivel de privilegio o estatus social, o que cosechen algún grado de poder político o social, pero no triunfan realmente en sus vidas debido a que no se han convertido en las personas que Dios las ha llamado a ser. Se han dedicado a conseguir sus objetivos, no los del Señor.

Los impíos definen sus vidas según sus anhelos, ambiciones y propósitos, en vez de intentar alinearlas con los deseos, planes y propósitos de Dios. Nadie puede ser próspero desde la perspectiva del Señor y dejarlo fuera de su vida. Lo mismo aplica a quienes se llaman cristianos pero casi nunca, o nunca, consideran los planes y propósitos que Dios puede tener para ellos.

El mundo tiende a evaluar el éxito en términos de fama y fortuna. Dios evalúa el éxito en términos de relación, carácter y obediencia. Lo primero, y más importante, que Dios desea es que triunfemos en nuestra relación con él, después en nuestra relación con los demás y luego en nuestras vocaciones y ministerios.

¿Significa esto que la gente de Dios no puede experimentar fama, fortuna, poder, posición social, logros, notoriedad, utilidades materiales o recompensas? No. Significa que en el campo del éxito, los *procedimientos* y los *propósitos* de las personas que se enfocan en Dios son muy diferentes de aquellas que se centran en sí mismas. Estas últimas empiezan con metas autodefinidas, llevadas a cabo por su propio esfuerzo y para su propia gratificación. La persona enfocada en Dios comienza con planes y propósitos divinos.

El sujeto centrado en sí mismo se preocupa principalmente del éxito medible en términos de dinero, recompensas y manifestaciones externas de riqueza, prominencia y posición. La persona enfocada en Dios se preocupa principalmente del éxito que empieza *en su interior* y que se define en términos de propósito eterno, beneficio espiritual, carácter piadoso, satisfacción y logros duraderos, y obediencia a los mandamientos e instrucciones diarias del Señor. La persona piadosa puede experimentar riqueza, importancia y posición como beneficios complementarios, pero no como metas ni objetivos primordiales. Son bendiciones y derivados dados por Dios.

Scott cayó en la trampa de convertirse en una persona enfocada en sí misma. A los treinta y tres años su empresa estaba prosperando. Él y su familia se habían mudado a una casa mucho más grande en un vecindario más agradable, y se habían afiliado a un club campestre. Scott comenzó a moverse en círculos económicos más amplios, en los cuales se esperaban ciertos comportamientos. Empezó a fumar cigarros por primera vez en su vida y se volvió un entendido en vinos. En su nueva casa construyó un bar para su esparcimiento y tomó un curso de barman para aprender a preparar todos los tragos que sus invitados podrían desear.

Scott y su esposa Bryn se iban de vacaciones a donde iban sus nuevos amigos, principalmente a balnearios y centros turísticos exóticos.

4

Él racionalizaba todo lo que estaba haciendo bajo la perspectiva de que era «bueno para los negocios»; los negocios que le permitirían retirarse joven. Disfrutaba el hecho de que estaba labrando un nombre para sí mismo, no solo en la profesión elegida sino también en su comunidad. Scott y Bryn iban ocasionalmente a la iglesia (si no habían planeado otra cosa) y enviaban a sus hijos a la escuela bíblica vacacional y al campamento de la iglesia.

Todo pareció ir muy bien durante un par de años, pero luego las cosas comenzaron a derrumbarse, solo un poco al principio. Cuando su hija cumplió catorce años, emergieron señales de rebeldía. Scott pasó por un susto clínico que su médico diagnosticó como una reacción de estrés. Entonces se puso a tomar medicamentos recetados para combatir la ansiedad. Cuando su empresa se hizo aun más grande, se dedicó a trabajar siete días por semana. Sintiéndose abandonada, Bryn se relacionaba con quienes estuvieran «disponibles» para estar con ella en su nueva piscina, incluyendo a un hombre soltero con quien más tarde tuvo una aventura amorosa.

Scott y Bryn finalmente se separaron a fin de aclarar las cosas en su matrimonio. Los problemas con los hijos, la aventura amorosa de Bryn y la intensificación de la bebida en Scott los llevaron de la separación al divorcio. Al llegar a los treinta y ocho años, como parte del convenio de divorcio, Scott se hallaba metido en una difícil batalla por sus negocios y posesiones. Estaba cada vez más distanciado de sus hijos, y luchaba por controlar su presión sanguínea y sus ataques de ansiedad.

¿Había triunfado Scott? Quienes veían la parte externa de su vida podrían decir que sí. Era el presidente de la junta directiva de una floreciente empresa, usaba trajes costosísimos, manejaba un auto de lujo último modelo, y llevaba a sus clientes a almorzar en restaurantes elegantes. ¿Pero interiormente? Sentía que había logrado cualquier cosa, *menos* el éxito. ¿Y desde el punto de vista de Dios? A la verdad, Scott le daba muy poco crédito a la perspectiva divina.

Las verdaderas recompensas asociadas con el éxito divino son los aspectos intangibles que todo el mundo anhela. Quizás el individuo enfocado en sí mismo desee fama y fortuna. Pero al fin de cuentas todos tenemos un profundo deseo interior de paz, gozo, satisfacción, salud e integridad (espíritu, mente y cuerpo), sensaciones de seguridad espiritual, esperanza de vida eterna, amor familiar y una relación íntima con Dios. Lamentablemente a Scott le faltaba lo que en realidad importa.

En más de una ocasión he oído a un individuo rico o famoso, considerado por otros como un triunfador, decir: «Cambiaría todo por un poco de tranquilidad y por la certeza de saber lo que me ocurrirá después de mi muerte».

Más de una vez he escuchado de labios de enfermos y moribundos: «Cambiaría todo el éxito que he tenido por una hora de amor puro, una hora sin dolor, o una hora de saber que he hecho aquello para lo cual Dios me creó».

Quienes solo se limitan a buscar fama y fortuna terminan frustrados y desilusionados, con un enorme vacío en sus vidas que no pueden llenar. Los que ante todo deciden buscar la vida que Dios les ha designado y a la que los ha llamado, experimentan la verdadera riqueza de la vida, además del gozo y la esperanza asociadas con la eternidad.

Finalmente Scott tocó fondo. Un importante consorcio compró su negocio, y con el dinero que le quedó se compró una casita en la playa. Entonces hizo un balance de su vida. Comprendió todo lo que había perdido en el proceso de buscar ganancias personales y reconoció que lo más importante que había perdido era sentirse cerca de Dios.

Scott comprometió de nuevo su vida a seguir a Jesús como Salvador. Comenzó a asistir regularmente a la iglesia, a orar y a leer la Biblia; mientras más hacía esto, más extrañaba a su esposa, a sus hijos y la vida que ahora comprendía había deseado, pero que en realidad nunca tuvo. Le preguntaba diariamente a Dios: «¿Qué quieres que haga?» No salía de casa en la mañana hasta sentir que tenía una respuesta del Señor a esa pregunta.

Al principio, el Señor parecía dirigir a Scott hacia el trabajo voluntario en su iglesia. Se involucró en proyectos de Hábitat para la Humanidad, dando martillazos, serruchando y construyendo casas para personas necesitadas. El aire fresco y el duro trabajo físico le ayudaron a clarificar la mente, mientras continuaba luchando con lo que el Señor tenía para él y su familia.

Después de seis meses de no verlos, Scott se encontró cara a cara con Bryn y sus hijos. Descubrió que Bryn había terminado su aventura amorosa y estaba pasando por una experiencia similar de búsqueda del alma.

¿Mejoraron las cosas automáticamente para Scott? No. Se necesitaron dos años de continua consejería cristiana antes de que él y Bryn se unieran de nuevo en matrimonio. Pasaron otros dos años de orientación cristiana antes de que él pudiera decir que su relación con sus hijos estaba realmente sanada y restaurada. En esos años la familia experimentó periódicamente tiempos difíciles. Pero había cambiado algo: la actitud de Scott hacia lo que en realidad era importante en la vida. En oración continuaba preguntando cada mañana al Señor: «¿Qué quieres que haga hoy?»

Scott tiene ahora aproximadamente cuarenta y cinco años. Es muy activo en el ministerio de hombres de su iglesia, y cuatro veces al año dirige retiros de pesca submarina para padres e hijos. Muchos de los asistentes a los retiros son incrédulos, y un gran porcentaje de esos hombres y sus hijos aceptan al Señor mientras están en el mar con Scott.

Bryn dirige en su iglesia un estudio bíblico para mujeres, y trabaja medio tiempo en un centro de embarazos difíciles. Sus dos hijos asisten a una universidad cristiana. Y la hija que una vez fuera rebelde, se está preparando para su primer trabajo de tiempo completo con un ministerio de adolescentes, el cual patrocina viajes misioneros.

Scott regresó a los negocios, en una escala más pequeña pero adecuada. Ahora usa las utilidades de su empresa para financiar proyectos en la iglesia, entre ellos los retiros de pesca que dirige. ¿Ha triunfado Scott? Él siente que sí y yo también lo creo. Además creo que *Dios* lo ve como un triunfador. La razón más importante del éxito de Scott es que aun pregunta cada mañana al Señor: «¿Qué quieres que haga hoy?»

En relación a su éxito, no hay pregunta más importante que pueda hacer.

Nuestra continua búsqueda del éxito

El éxito es una *búsqueda continua*. Es establecer y lograr, y siempre tratar de instaurar y conseguir las metas dadas y establecidas por Dios para nuestras vidas. Éxito es el rechazo a desanimarse, desalentarse o desistir de las metas de Dios. Es el resultado del anhelo *continuo* por ser la persona que el Señor nos llama a ser, y por lograr las metas que él nos ayuda a establecer.

En realidad nadie logra el verdadero éxito. No es una cantidad medible o un concepto que se puede definir por completo. Es un concepto incrustado en un *proceso*. Nuestra comprensión del éxito sigue creciendo mientras maduramos en Cristo. Yace constantemente delante de nosotros y se desarrolla en nuestro interior de manera continua.

¿Podemos alguna vez alcanzar el horizonte? ¿Podemos caminar suficientes kilómetros o navegar suficientes millas para llegar al borde del mundo? No. Mientras más caminamos en la tierra o navegamos en el mar, más se extiende el horizonte delante de nosotros. Así pasa con el éxito. Siempre está casi a nuestro alcance, obligándonos, llamándonos e impulsándonos hacia adelante. Esa es la manera en que el Espíritu Santo obra en nuestras vidas. Él nos permite experimentar gran alegría y satisfacción en el momento presente de nuestras vidas. Al mismo tiempo nos llama a una mayor conformidad con Cristo Jesús, a un mayor anhelo por el ministerio, y a mayores obras en el establecimiento de sus propósitos en la tierra. ¿Quiero decir con esto que Dios se opone a las riquezas? Por supuesto que no. En su Palabra dice muy claramente que él es la fuente de todas las riquezas.

¿Quizás se opone Dios a que usted se convierta en alguien famoso o que tenga una reputación destacada en su profesión? No, el Señor no se opone a eso.

¿A qué se opone Dios? A que usted trate de vivir su vida haciendo caso omiso de él. Se opone a sus intentos de ser alguien que alguna vez pueda estar separado de él.

Cuando un individuo intenta lograr algo separado de Dios, gasta energía y tiempo en la búsqueda de lo que no produce felicidad, paz ni gozo eternos. Podría vivir en un palacio, manejar el mejor automóvil, tener mucho dinero en una cuenta bancaria y tener un portafolio repleto de bonos y valores. Sin embargo, a menos que tenga seguridad eterna, nacida de una relación con Dios, este hombre sería un fracaso en la vida. No es un triunfador ante los ojos del Señor.

Muchos de nosotros nos vamos a sorprender cuando lleguemos al cielo y veamos a quiénes *Dios* llama triunfadores y a quiénes llama fracasados. Las madres que criaron a sus hijos de manera piadosa oirán de Dios: «Tuviste éxito. Eres una sierva buena y fiel. Grande es tu recompensa».

Habrá personas que trabajaron en sus empleos durante cuarenta años, pagaron sus cuentas, llevaron vidas íntegras, diezmaron y ofrendaron al Señor, y participaron en los programas de evangelización de sus iglesias, pero que nunca obtuvieron un reconocimiento, no recibieron honra comunitaria ni aplausos, y nadie les dio la etiqueta de triunfadores. Sin embargo, oirán de Dios: «Eres mi siervo triunfador y mi amigo. Grande es tu recompensa».

Por otra parte, personas que han luchado en gran manera por crear carreras para sí mismas y que han alcanzado fama y notoriedad, pero que no han tenido tiempo para las cosas de Dios, ni tiempo para la iglesia, ni tiempo para desarrollar una relación con el Señor Jesucristo, oirán del Señor: «Nunca te conocí. Nada de lo que hiciste, ganaste u obtuviste por ti mismo tiene valor para mí».

Mi amigo, no cambiaría mi puesto con nadie en el mundo que tenga dinero, fama o poder, pero que no tenga a Dios. Lo que ese individuo tenga no tendrá ningún valor en quinientos años a partir de ahora. Lo que realmente importa es si esa persona recibió a Jesucristo como Señor y Salvador.

Como creyentes nunca llegaremos a un lugar en el cual podamos decir: «¡Al fin! Heme aquí. Soy un triunfador. Ahora me sentaré a disfrutar la vida y a descansar en mis laureles».

Al contrario, en nuestros corazones siempre estamos hambrientos de parecernos más a Cristo, de acercarnos al corazón de Dios, y de saber más acerca de la verdad que presenta en su Palabra. Tenemos sed de saborear más y más la bondad del Señor. Anhelamos servirle con mayor constancia, eficiencia y fervor. Tenemos el deseo de producir más y más frutos relacionados con la recompensa eterna.

¿Significa esto que vivimos en un estado constante de malestar y frustración cuando se trata del éxito? ¡No! Y es el gran misterio del plan del Señor para el éxito. Mientras los ideales del éxito de Dios yacen delante de nosotros y nos impulsan hacia delante en nuestro caminar cristiano, crece la satisfacción que el Señor imparte en nuestros corazones. Vivimos en un estado más y más grande de complacencia, a pesar de nuestras circunstancias o de los obstáculos que enfrentemos. Crecemos en la paz de Dios y en nuestra capacidad de morar en él, con la seguridad de que nada nos puede separar de su presencia y de su amor.

El individuo enfocado en sí mismo lucha constantemente por un éxito cada vez mayor, por más y más riqueza, más y más fama, más y más poder.

La persona enfocada en Dios, y espiritualmente madura, está libre de toda competencia. Vive en un estado continuo de confianza (en el poder y la presencia del Señor, nacida de su relación con él) y al mismo tiempo vive en la esperanza de cosas mayores que Dios desarrollará, revelará y dará.

Nunca he visto una persona económicamente rica que no tenga un poco de temor ante la posibilidad de perder su riqueza, o que no desee acumular aun más «por si acaso».

No he conocido alguien famoso que no esté un poco preocupado de que su última película, disco, proyecto o logro no se convierta en su «último» gran esfuerzo. La mayoría de las personas saben que el público es voluble y que la fama se debe alimentar continuamente por medio de nuevos éxitos.

Nunca he visto un líder de una empresa que no ande en busca del próximo negocio, la siguiente alianza o la próxima adquisición para asegurarse de que su empresa se mantenga en el liderazgo y de que él se mantenga en la cumbre del escalafón de la compañía. Los líderes de las empresas viven con la tensión de «absorber o ser absorbidos».

No he conocido un líder político que no esté preocupado por la reelección o, en el caso de alguien que desee retirarse o que se haya retirado de la política, por el legado de logros en la historia. Los líderes políticos saben que el poder es efímero.

Los símbolos externos del éxito no son duraderos ni soportan el paso del tiempo. Seguramente las señales externas del éxito podrían durar meses, años, décadas, un siglo o más, pero no se extienden hasta la eternidad. Nada de lo que el hombre hace por su propio poder y para sus propios propósitos se extiende para siempre. Solo las cosas que portan la semilla de la presencia de Dios duran toda la eternidad.

Esto nos lleva de nuevo a nuestra definición original del *éxito:*

El éxito es el logro continuo de llegar a ser la persona que Dios quiere que usted sea y lograr las metas que él le ha ayudado a establecer.

11

El éxito verdadero —desde el punto de vista del Señor— está enraizado en lo que *Dios* nos llama a ser. Se arraiga en lo que *Dios* establece como los objetivos de nuestras vidas. Tiene sus raíces en nuestra relación con Dios, quien nos permite llegar a ser esa persona para la cual nos creó y hacer las obras que nos ha autorizado a realizar.

Cuando buscamos el éxito desde la perspectiva de Dios, él está cien por ciento comprometido con nuestro éxito. ¡Podemos contar con él!

2

DIOS ESTÁ COMPROMETIDO CON SU ÉXITO

Cuando conocí a Kyle, él era el retrato del abatimiento. Me dio un flojo apretón de manos y se desplomó en la silla que estaba frente a mí. Pensé que quizás estaba enfermo. Pero enseguida dijo: «Pastor Stanley, no logro entenderlo. Estoy tratando de llevar una buena vida cristiana en el mundo de los negocios, pero a la verdad no creo que un individuo honrado pueda llegar muy lejos. Cada vez que me doy la vuelta veo cómo le dan una puñalada en la espalda a una buena persona y últimamente he sido yo el blanco de estas. Me parece que quienes se preocupan menos de Dios son los que obtienen los ascensos, los aumentos y todos los extras. No veo evidencia alguna de que al Señor le interese un comino si yo, o cualquier otro cristiano, tiene éxito».

Si esa es la manera en que usted se siente hoy día, déjeme asegurarle, como lo hice con Kyle: Dios está comprometido con su éxito. Él *quiere* que triunfe y está listo para ayudarle a triunfar más allá de sus más grandes sueños.

¿Cómo lo sé? Creo que hay tres formas principales de evidencia:

Primera, Dios nos ha dado en su Palabra todos los principios para el éxito verdadero. Ha puesto a disposición de todo individuo el conocimiento sobre cómo triunfar.

Segunda, el Señor ha puesto en cada persona el anhelo de tener éxito.

Tercera, Dios le ha dado a toda persona dones y talentos que, cuando se emplean y desarrollan, producen los beneficios del éxito. Miremos más de cerca cada una de estas evidencias.

La Biblia es el manual divino del éxito

A través de los años probablemente he leído dos o tres docenas de libros que tratan el tema del éxito. Algunos incluyen a Dios en sus análisis, y unos pocos colocan al Señor como el centro de una vida triunfante. Sin embargo, descubrí que, sin excepción, todos los principios verdaderos del éxito que hay en esos libros pueden encontrarse en la Biblia.

Los principios del éxito no son extraños a una vida devota; al contrario, están incrustados en ese estilo de vida. El mundo podría pensar que ha descubierto tal o cual idea acerca del éxito, pero en realidad Dios es el autor de todo triunfo. Además, la Palabra de Dios ha presentado durante miles de años los principios del éxito para el ser humano.

La palabra mejor traducida como «éxito» aparece solo siete veces en la Biblia: dos en Josué y una vez en cada uno de estos libros; Génesis, Nehemías, Job, Eclesiastés y Daniel. En el Nuevo Testamento no aparece ninguna palabra que se haya traducido «éxito». Debido a la falta de referencias bíblicas vinculadas directamente con el éxito, podríamos estar tentados a concluir que Dios no está interesado en el triunfo de su pueblo. Sin embargo, tal conclusión sería errónea.

En vez de utilizar la palabra «éxito», la Biblia usa «prosperar». Prosperar en todo lo que usted hace es tener éxito en todo lo que hace. Ser próspero es ser triunfador. Cada vez que leemos acerca de la prosperidad del Señor en su gente, podemos estar seguros de que él está ayudándoles a lograr el éxito en todo sentido. Por ejemplo, Juan escribió: «Amado, yo deseo que seas prosperado en todas las cosas, y que tengas salud, así como prospera tu alma» (3 Juan 2).

Prosperidad integral del individuo

El éxito o la prosperidad que Dios tiene para usted es siempre integral. Observe de nuevo en 3 Juan 2 que la oración del apóstol fue que las personas prosperaran en todas las cosas —su vida material, social, natural y económica— así como prosperaban en su salud personal y en sus vidas espirituales. La prosperidad que les deseaba cubría sus vidas completas. Era una prosperidad que se podría describir como «totalidad en acción».

Haga un inventario de su vida actual. Pregúntese:

- ¿Dónde estoy en mi caminar espiritual?
- ¿Dónde estoy en mi economía?
- ¿Dónde estoy en mi vocación?
- ¿Dónde estoy en mi servicio al Señor?
- ¿Dónde estoy en mi salud?
- ¿Dónde estoy en mi relación con otras personas, entre ellas mi familia, mis amigos y aquellos con quienes estoy involucrado en la iglesia y el trabajo?

El Señor desea para usted un éxito que tocará todos los aspectos de su vida. Desea que se vuelva íntegro y que, en integridad, prospere en todas las áreas de su experiencia.

Observe también que Juan oró porque los seguidores del Señor prosperaran exteriormente como prosperaban sus almas. ¿Cuántos de nosotros en verdad deseamos prosperar hasta el punto en que prosperan nuestras almas? Sinceramente, la mayoría de las personas que encuentro esperan que el Señor las prospere más en sus finanzas y en sus vidas materiales de lo que están prosperando sus almas. Si económicamente prosperaran solo hasta el punto en que prosperan espiritualmente, llevarían una vida de miseria.

El Señor une la prosperidad interior y la exterior, y la clara implicación es que nos prosperará económicamente, en nuestro trabajo, en nuestras relaciones y en nuestras vidas materiales. Lo hará solo hasta el punto en que prosperemos espiritualmente, o en proporción a nuestra prosperidad espiritual.

Piense en el individuo que desea prosperar económicamente, pero que no obedece a Dios cuando se trata de dar sus diezmos y ofrendas para la obra del Señor. ¿Estará Dios interesado en ayudar a prosperar económicamente a alguien que es desobediente en el manejo de las finanzas?

Cuando el Señor ve indolencia, falta de cuidado y pereza en nuestras vidas, no puede estar interesado en prosperar tal calidad de carácter.

El Señor no puede estar comprometido a prosperarnos económicamente si ve un mal uso de recursos, o fallas en la buena mayordomía de nuestros ingresos (como no entregar lo que se nos ha ordenado dar).

Nuestro éxito siempre tiene condiciones, y las condiciones son principalmente espirituales.

La integridad no depende de las circunstancias. La Biblia también enseña sobre la prosperidad que nuestra integridad —la prosperidad interior y exterior— no depende de circunstancias externas sino de nuestra relación interior de fe con el Señor.

Quizás nadie enfrentó circunstancias más difíciles en toda su vida que Daniel. Fue llevado en cautiverio por los babilonios cuando era joven. Fue transportado a Babilonia y obligado a vivir en una cultura extraña el resto de su vida. Sirvió bajo las órdenes de tres reyes paganos: Nabucodonosor, Ciro y Darío.

Daniel no solo enfrentó la muerte cuando los magos del rey no lograron interpretar el sueño del monarca —algo que Daniel hizo después de que el Señor le revelara el sueño y su significado— sino que estuvo en el foso de los leones por ser fiel en su vida de oración. Pocos hemos enfrentado, o enfrentaremos, circunstancias continuas tan negativas o tan difíciles como las que enfrentó Daniel. Sin embargo, leemos en Daniel 6.28: «Este Daniel prosperó durante el reinado de Darío y durante el reinado de Ciro el persa». Daniel vivió bien y de manera triunfal en medio de sus circunstancias. Esto es precisamente lo que estamos llamados a hacer.

Uno de los fundamentos para la prosperidad bíblica es la fe. Todo libro que he leído afirma, de una manera u otra, que una persona debe creer que puede lograr el éxito. El principio de fe es una constante para el triunfo. La verdadera pregunta para el cristiano es: ¿Fe en qué o en quién? Solo cuando identificamos el objeto de nuestra fe es cuando conocemos con certeza el fundamento de nuestro éxito.

Si pone su fe en usted mismo y en sus capacidades, intelecto y sueños, entonces su cimiento será tan firme como usted lo sea. Además, no importa cuán firme pueda ser, usted no es ni omnipotente ni omnisciente.

Si pone su fe en Dios, entonces su base es tan firme como lo es él: todopoderoso y omnisciente.

El llamado de Dios al éxito

En la Biblia no solo encontramos los anhelos de Dios para nuestro éxito, sino que encontramos numerosos ejemplos de personas a quienes él llamó a la prosperidad.

El Señor llamó a Josué a tener éxito. Este no solo triunfó personalmente en su liderazgo sino que todos los israelitas bajo su mando fueron llamados a triunfar. Leemos en Josué 1.1-9:

Aconteció después de la muerte de Moisés siervo de Jehová, que Jehová habló a Josué hijo de Nun, servidor de Moisés, diciendo. Mi siervo Moisés ha muerto; ahora, pues, levántate y pasa este

Jordán, tú y todo este pueblo, a la tierra que yo les doy a los hijos de Israel. Yo os he entregado, como lo había dicho a Moisés, todo lugar que pisare la planta de vuestro pie. Desde el desierto y el Líbano hasta el gran Río Éufrates, toda la tierra de los heteos hasta el gran mar donde se pone el sol, será vuestro territorio. Nadie te podrá hacer frente en todos los días de tu vida, como estuve con Moisés, estaré contigo; no te dejaré, ni te desampararé. Esfuérzate y sé valiente; porque tú repartirás a este pueblo por heredad la tierra de la cual juré a sus padres que la daría a ellos. Solamente esfuérzate y sé muy valiente, para cuidar de hacer conforme a toda la ley que mi siervo Moisés te mandó; no te apartes de ella ni a diestra ni a siniestra, para que seas prosperado en todas las cosas que emprendas. Nunca se apartará de tu boca este libro de la ley, sino que de día y de noche meditarás en él, para que guardes y hagas conforme a todo lo que en él está escrito; porque entonces harás prosperar tu camino, y todo te saldrá bien. Mira que te mando que te esfuerces y seas valiente; no temas ni desmayes, porque Jehová tu Dios estará contigo en dondequiera que vayas.

¡Qué tremenda declaración del anhelo divino de que Josué y los israelitas tuvieran éxito! ¡Qué tremenda afirmación del compromiso de Dios en ayudar a que Josué y los israelitas triunfaran!

Al principio de este libro, el Señor le dijo a Josué que le había dado la extraordinaria responsabilidad de liderar una nación de más de dos millones de personas. Josué y el pueblo debían atravesar el Río Jordán y entrar a la tierra que Dios les había prometido. El Señor dice dos veces en el primer capítulo: «Esta tierra será vuestra; será vuestro territorio y vuestra herencia». Dos veces le dijo Dios personalmente a Josué: «Ningún hombre podrá arrebatarte tu posición de liderazgo. Tendrás éxito en el papel que te he encomendado».

La verdadera pregunta no es si Dios le ha prometido o no tener éxito si es fiel en seguir sus principios relacionados con el triunfo. La verdadera pregunta es: ¿Está dispuesto a aceptar y creer que Dios anhela su éxito? *Nehemías creyó el compromiso de Dios con el éxito.* Nehemías era un hombre de la Biblia que creyó y reclamó el éxito de Dios para sí mismo. El profeta era un siervo del rey; y cuando oyó la noticia de que los muros y las puertas de Jerusalén estaban en ruinas, ayunó y oró por la situación. El monarca notó la tristeza en el rostro de Nehemías y le preguntó la causa de tal desconsuelo. El profeta explicó la situación en su tierra natal, y el rey le ofreció darle todo lo necesario para ir a Jerusalén y hacer las reparaciones a la ciudad. También incluyó una escolta para que el viaje a Jerusalén, así como el regreso, fueran seguros.

Cuando Nehemías llegó al lugar, enfrentó oposición de parte de quienes no querían que triunfara en la tarea que tenía por delante. No deberíamos sorprendernos al enfrentar oposición. Cualquier persona que esté haciendo la voluntad de Dios enfrenta oposición del diablo y de aquellos a quienes este puede influenciar. Lea cómo Nehemías respondió a la oposición:

Entonces les declaré cómo la mano de mi Dios había sido buena sobre mí, y asimismo las palabras que el rey me había dicho. Y dijeron: Levantémonos y edifiquemos. Así esforzaron sus manos para bien. Pero cuando lo oyeron Sanbalat horonita, Tobías el siervo amonita, y Gesem el árabe, hicieron escarnio de nosotros, y nos despreciaron, diciendo: ¿Qué es esto que hacéis vosotros? ¿Os rebeláis contra el rey? Y en respuesta les dije: El Dios de los cielos, él nos prosperará, y nosotros sus siervos nos levantaremos y edificaremos, porque vosotros no tenéis parte ni derecho ni memoria en Jerusalén. (Nehemías 2.18-20)

El mismísimo Dios de los cielos nos prosperará. ¿Es esa su actitud actual hacia el éxito? ¿Cree en realidad que Dios está de su parte y que está comprometido con su triunfo?

El éxito es un proceso

Muy a menudo miramos los personajes bíblicos y concluimos: «Yo no soy así». La verdad es que *somos* como los personajes de la Biblia; y ellos fueron como nosotros en sus respuestas a la vida, en sus luchas, en sus éxitos y fracasos, y en sus personalidades y anhelos. El corazón humanos no ha cambiado. La tecnología y los lugares pueden cambiar, pero el corazón del hombre no ha cambiado. Lo que usted siente lo sintieron los personajes bíblicos. Lo que usted piensa lo pensaron las personas de la Biblia.

¿Tuvieron los apóstoles de Jesús días en que parecieron mundanos y aburridos? ¡Por supuesto!

¿Fueron gloriosos todos los días de Moisés? ¡No!

¿Fue cada minuto de cada día un gran momento para cualquier héroe o heroína de la Biblia? Seguramente no.

La mayoría de nuestros días, al igual que los de estos personajes, están marcados por una total obediencia, persistencia, entereza y lucha. La mayoría no son de un éxito rotundo ni de un fracaso devastador.

El punto es este: lograr el éxito no significa que en todo momento de su existencia usted vivirá en la cima de la montaña con una enorme sonrisa en el rostro y una cinta azul pegada a su solapa. Los momentos de alegría pueden llegar. Es posible que a veces sean frecuentes y a veces casi ni existan.

El éxito no se basa en cómo usted se sienta o en los momentos motivadores en los que recibe recompensas, reconocimientos o respuestas inmensamente positivas de parte de otros. El triunfo se encuentra en la manera como viva cada día. Se encuentra en el modo en que *busca* lo que Dios le ha llamado a ser, y en hacerlo.

El éxito no es el fin de un proceso. Es *la manera en que se emprende el proceso* llamado vida. La Palabra de Dios es nuestra guía durante el viaje.

Un deseo intrínseco de triunfar

El Señor no solo le ha dado su Palabra para desafiarle, llamarle y persuadirle a que triunfe, sino que ha puesto en su interior un deseo profundo de tener éxito.

Todo niño viene a este mundo orientado hacia las metas. Observe que cuando un bebé comienza a llorar en una cuna, se le da un chupón. Tal vez lo chupe por un rato, pero lo próximo que hará es jugar con él, y antes de que pase mucho tiempo, se lo ha sacado de la boca y está fuera de su alcance. Quizás el bebé se retuerza un poco o levante las manos con la esperanza de alcanzarlo. Pero, ¿qué hace cuando sus esfuerzos fallan? ¡Comienza a gritar y a llorar de nuevo! Está orientado hacia las metas aun desde la cuna y hasta por un chupón. Ese niño hará cualquier cosa que pueda para lograr satisfacer su necesidad.

Todo bebé normal y sano viene a este mundo con un anhelo de triunfo y éxito en la vida. Ese deseo de hacer y tener cosas que le darán una sensación de satisfacción, realización y complacencia. Tiene un deseo de comunicarse y expresarse, de relacionarse con otros, y de moverse: correr, gatear, caminar.

El Señor le ha dado a usted un anhelo innato de triunfar que le hace *actuar*. Se lo ha dado para que se motive a sí mismo a descubrir sus dones y talentos, y a usarlos. Usted tiene un dinamismo intrínseco para satisfacer sus necesidades de una manera que le brinde placer.

Algunas personas parecen haber nacido con la idea innata de que siempre hay que ser cuidadas o que las limosnas de otros son una manera de vivir. Vivir dependiendo de otros no es el diseño de Dios. Al contrario, esta es una *decisión* que, consciente o inconscientemente, toman las personas.

Algunos parecen preferir la derrota, el fracaso, la pereza y la falta de preocupación, y continuamente culpan a otros por su falta de éxito. Hasta cierto punto, esos individuos han tomado la decisión de manipular a los demás, culparlos o utilizarlos para sus propósitos. No tienen ningún deseo de llevar una buena vida; han escogido medios impíos para obtenerla. (Manipular, culpar y usar a otros con propósitos egoístas *no* está alineado con el plan de Dios. Estos son métodos del enemigo, no métodos que el Señor considera justos). El impulso que Dios pone en usted es neutral. Puede dirigirse a la lujuria de la carne, a la lujuria de los ojos y a la vanagloria de la vida. O puede estar dirigido a la búsqueda de las cosas del Señor y al éxito que el Señor ha planificado para usted. Sin embargo, el impulso hacia el éxito, la satisfacción y la realización están dentro de usted; son un regalo de Dios y él espera que lo utilice de manera correcta.

Dios le ha equipado para triunfar

Además de las promesas de la Palabra de Dios y del anhelo de triunfar que el Señor ha implantado en usted, él le ha equipado con uno o más talentos y capacidades naturales, así como uno o más dones espirituales (a los cuales también se les llama dones motivacionales o ministeriales). Estos dones han sido integrados en su personalidad única por una razón: para que pueda usarlos en su mejor capacidad y produzcan obras de calidad que tengan un potencial para recompensas tanto terrenales como eternas.

Demos una mirada más cercana al proceso involucrado en el uso de sus dones. El primer paso es descubrir sus dones únicos. Si usted no sabe para qué Dios le ha dado dones, escudriñe su vida y sus capacidades. Se puede beneficiar haciendo ciertas pruebas de aptitudes o de dones espirituales. Descubra lo que el Señor ha puesto en su interior.

El segundo paso es el desarrollo de sus dones. Estos no surgen ya desarrollados ni perfeccionados. Sus talentos, habilidades y dones espirituales se deben desarrollar mediante la práctica, la aplicación y el ejercicio. Mientras más *emplea* sus dones, más mejorará sus talentos, ya sea que trate de tocar el piano o de practicar el don espiritual de la exhortación. El tercer paso es rendir sus dones al Espíritu Santo. En el momento en que usted confía en Jesucristo como su Salvador personal, Dios le otorga la presencia del Espíritu Santo en su vida. Una de las funciones del Espíritu en usted es dar poder a lo que haga en el nombre de Jesús y hacer que produzca fruto eterno para su gloria.

El Espíritu Santo en usted le permite triunfar

El Espíritu Santo funciona de varias maneras para ayudarle a tener éxito mientras usted practica y utiliza sus dones. Una de esas maneras es resaltar su habilidad de discernir lo correcto de lo incorrecto, lo bueno de lo malo, y tomar decisiones entre buenas alternativas. Cuando enfrente decisiones en las que deba considerar cuándo, dónde y cómo emplear sus talentos y dones espirituales, pida al Espíritu Santo que le ayude en el proceso de tomar decisiones. Pídale ayuda para discernir el camino que seguirá.

Otra manera en que el Espíritu Santo le ayuda es otorgándole poderes para usar sus dones con el máximo de eficacia. Toda obra necesita esfuerzo y energía. El Espíritu Santo le ayuda renovando sus fuerzas, agudizando sus sentidos y ayudándole a realizar más trabajo en menos tiempo y del modo más eficaz. Lo que usted cree poder hacer bien en sus propias fuerzas y capacidades, lo puede hacer mucho mejor cuando confía activamente en la ayuda del Espíritu Santo.

Una tercera manera en que el Espíritu Santo le ayuda es al darle consuelo y seguridad de que, desde la perspectiva de Dios, todo obra para su bien (Romanos 8.28). Muchas personas desperdician energía y tiempo valioso preocupándose por si hicieron lo suficiente, si lo hicieron bien, o si hicieron lo correcto al usar sus dones y talentos espirituales. Virtualmente cuestionan todo lo que han hecho o lo que están a punto de hacer. El Espíritu Santo le asegura que cuando usted utiliza un talento o un don espiritual con un motivo adecuado de amor hacia Dios y hacia los demás, él toma lo que usted usa, lo moldea, lo revisa y lo transforma en algo efectivo, beneficioso y aplicable.

Una cuarta manera en que el Espíritu Santo le ayuda es empujándole suavemente en la dirección que debe seguir y hacia quienes debe influir con sus talentos o dones espirituales. Algunos dicen que el Espíritu Santo los *convence* sobre qué dirección deben tomar, qué palabras deben decir y qué obras deben realizar. Otros dicen que el Espíritu Santo los *impulsa* a hacer ciertas cosas, y aun hay quienes aseguran que el Espíritu los *obliga* a actuar de cierta manera. Cualquiera que sea el término que usted use para describir el poder rector del Espíritu Santo en su vida, la realidad es que él busca guiarle diariamente en los caminos en que debe caminar y en las actividades en las que se debe comprometer. Escuche atentamente cómo le guía.

Si ahora mismo le dijera que estoy enviándole una persona para ayudarle a tomar decisiones sabias, con el fin de que usted tenga la mayor cantidad de éxito, de darle poder a su trabajo para que rinda al máximo de su capacidad, de asegurarle que todos sus esfuerzos sean eficaces y beneficiosos, y de motivarle continuamente, sin duda usted aceptaría con entusiasmo la ayuda de esa persona. Pues bien, el Espíritu Santo ha sido enviado para hacer todo eso en usted y a través de usted. Cuando le pide ayuda para utilizar sus talentos y dones espirituales, Él *lo lleva* a ser eficaz y a tener éxito.

No importa que usted sea maestro de escuela, ama de casa, plomero, carpintero, abogado, médico o ejecutivo comercial, Dios quiere que tenga éxito en las tareas que tiene por delante. Él le ha dotado de las capacidades, los talentos y los dones espirituales necesarios para que ejecute su trabajo de una forma superior, con constancia y con eficacia. Además, Dios envió su Santo Espíritu para asegurarse de que tenga éxito en el uso de sus dones y talentos.

No descarte lo que Dios le ha dado

Demasiados cristianos no se mueven hacia el éxito total que Dios tiene para ellos porque desechan los dones divinos.

Nunca se subestime ni deseche sus capacidades. Si ha recibido al Señor Jesucristo como su Salvador, y el poder del Espíritu Santo reside en su interior, usted puede hacer *todo* lo que el Señor le dirija a hacer. Subestimarse o desvalorizarse es menospreciar al Espíritu de Dios que mora en usted y desvalorizar las habilidades que él le ha dado.

No se menosprecie. Al criticarse o decirse cosas negativas, también está criticando y diciendo cosas negativas del Cristo que vive usted.

Nunca se descarte. Mientras esté vivo y el Señor resida en su vida, usted es una parte muy activa «del juego».

Nunca utilice su raza, su color, su falta de educación o sus antecedentes como una excusa. Dios conoce todo acerca de su raza, color y cultura. Él provocó que naciera con esas características. Lo que usted no sabe, Dios lo sabe. Lo que no tiene, Dios lo tiene.

Nunca use su edad como una excusa para no ir tras el triunfo. Dios no le ha puesto una edad de jubilación. Usted puede cambiar su vocación a los sesenta y cinco, setenta o setenta y cinco años, pero aun así deberá vivir, ministrar a otros y establecer metas según el Señor le dirija y entonces hacer lo que el Señor le guíe a hacer. Usted puede dar fruto en la vejez (Salmos 92.14).

Nunca use las circunstancias como una excusa para no estar buscando los propósitos de Dios para su vida. ¿Está consciente de que la mayoría de personas que han logrado algo verdaderamente digno en la vida han pasado por circunstancias difíciles? La lucha, el esfuerzo, las exigencias y negarse a aceptar la derrota ante las circunstancias difíciles crean las cualidades que llevan al triunfo. Dios sabe todo acerca de sus circunstancias, y le permitirá sobreponerse a ellas.

Hace poco escuché sobre una joven ciega que se inscribió en una universidad que no era nada fácil para cualquier persona, y mucho menos para una persona ciega. Un periodista del diario universitario le preguntó si creía que el recinto era un reto importante. Ella respondió: «Cada día de mi vida es un desafío. Todos los días debo moverme en espacios nuevos para mí. Esta universidad es tan solo un espacio más que debo explorar. He confiado toda mi vida en que Dios me ayuda a moverme de manera segura, por tanto continuaré confiando en su ayuda para desenvolverme aquí con seguridad».

Ciertamente esta joven no permitió que la circunstancia de la ceguera le impidiera cumplir su meta. Su valor se había fortalecido con los años —un día a la vez— para tratar con el reto que tenía por delante.

El poder de la oración se relaciona con el éxito

El Señor no solo le ha dado el Espíritu Santo para permitirle tener éxito sino que le ha dado el poderoso privilegio de la oración. Usted tiene la facultad de inclinarse cada mañana ante Dios y decirle: «Señor, necesito que me guíes hoy. Necesito tu ayuda. Necesito tu fortaleza. Muéstrame cómo llevarme bien con esta persona. Muéstrame cómo unir a la gente. Enséñame a estar motivado hacia mi familia y mi trabajo en el equilibrio que deseas».

El Señor se agrada cuando ora pidiendo su ayuda. Se deleita en sus oraciones de fe y las usa para hacer a un lado los obstáculos que se yerguen frente a usted. Él utiliza sus oraciones para frustrar las intenciones malignas que otros tienen en su contra, para destruir las obras de quienes intentan molestarlo y para demoler los esfuerzos del diablo por destruirlo y robarle. Dios le ha dado una herramienta muy poderosa en la oración. Esta herramienta activa las fuerzas celestiales a su favor y levanta una barrera entre usted y las fuerzas del infierno.

¡Creados para ser usados!

Dios puso en la Biblia sus principios y promesas para el éxito con un propósito: que usted pueda creerlos, aprenderlos y utilizarlos.

El Señor ha puesto en su vida un anhelo de triunfar que lo impulsa a actuar.

Dios ha equipado su vida con dones y talentos, le ha dado el Espíritu Santo, y le ha dotado de la herramienta de la oración para que pueda usar sus dones, seguir la dirección del Espíritu, y orar con fe para que se cumpla la voluntad divina de éxito en usted y los demás.

Dios no solo quiere que sepa teóricamente cómo triunfar; él le ha dado todo lo necesario para tener verdadero éxito.

3

LA CLAVE DEL ÉXITO:
ESTABLECER METAS DIVINAS

∾

Si tuviera la garantía de que no va a fallar en el logro de tres metas que seleccionara, ¿cuáles escogería para su vida?

¿Podría, en su actual condición espiritual, pedir sinceramente a Dios que le ayude a lograr esos objetivos?

¿Realmente desea lo mejor de Dios para su vida, o se conformaría con lo que pueda hacer por sí mismo?

Estas preguntas residen en el centro de la búsqueda del éxito en cada cristiano. Son las interrogantes que nos llevan a cuestionarnos: ¿Qué metas desea *Dios* que establezca y logre; y, en el proceso, ser un triunfador ante sus ojos?

Una insistencia continua hacia los propósitos de Dios

Uno de los personajes bíblicos más enfocado hacia las metas es el apóstol Pablo. En su escrito a los filipenses habló del objetivo primordial que había establecido para su vida:

Pero cuantas cosas eran para mí ganancia, las he estimado como pérdida por amor de Cristo. Y ciertamente, aun estimo todas las cosas como pérdida por la excelencia del conocimiento de Cristo Jesús, mi Señor, por amor del cual lo he perdido todo, y lo tengo por basura, para ganar a Cristo, y ser hallado en él, no teniendo mi propia justicia, que es por la ley, sino la que es por la fe de Cristo, la justicia que es de Dios por la fe; a fin de conocerle, y el poder de su resurrección, y la participación de sus padecimientos, llegando a ser semejante a él en su muerte, si en alguna manera llegase a la resurrección de entre los muertos. No que lo haya alcanzado ya, ni que ya sea perfecto; sino que prosigo, por ver si logro asir aquello para lo cual fui también asido por Cristo Jesús. Hermanos, yo mismo no pretendo haberlo ya alcanzado; pero una cosa hago: olvidando ciertamente lo que queda atrás, y extendiéndome a lo que está delante, prosigo a la meta, al premio del supremo llamamiento de Dios en Cristo Jesús. (Filipenses 3.7-14).

El apóstol no perdía tiempo ni energía. Su vida estaba totalmente enfocada. Tenía un extraordinario sentido de propósito y dirección.

Antes de su conversión, Pablo estaba enfocado en la destrucción de los cristianos. Sus metas eran una creación propia y no de Dios. Después de su conversión, se enfocó en unos objetivos nuevos que estaban de acuerdo con los deseos de *Dios* para su vida. Pablo resumió esas metas a los filipenses:

- Conocer a Jesucristo tan íntimamente como sea posible y experimentar la justicia de Dios en su propia vida.
- Conocer el poder de la resurrección de Cristo y ser como él en todo aspecto, incluyendo sus sufrimientos y su muerte.

Sabemos que ambas metas también se manifestaron en un tercer propósito del apóstol Pablo:

- Alcanzar tantas personas como fuera posible en el nombre de Jesús y a través del mensaje de su crucifixión y resurrección. Hacerlo además tan rápida, eficaz e irresistiblemente como fuera posible.

A principios del ministerio de Pablo encontramos esta declaración: «Ministrando estos al Señor, y ayunando, dijo el Espíritu Santo: Apartadme a Bernabé y a Saulo [Pablo] para la obra a que los he llamado» (Hechos 13.2). Esa «obra» era la predicación de la Palabra de Dios en las sinagogas de los judíos de Salamina en la isla de Chipre. Ese fue el inicio de la obra misionera de Pablo, una obra a la que dedicaría el resto de su vida y lo mantendría viajando por la región, predicando, enseñando y plantando iglesias dondequiera que iba.

Pablo no declaró que había logrado sus objetivos sino que proseguía a la meta, «al premio del supremo llamamiento de Dios en Cristo Jesús» (Filipenses 3.14). Proseguir significa seguir tras algo. El apóstol era celoso en seguir a Cristo. De la misma manera en que un corredor estira cada nervio y músculo de su cuerpo, y anhela estar en forma cuando entrena cada día, así también Pablo deseaba que todo en su interior estuviera estirado y afinado a la perfección para seguir a Cristo.

Pablo insistía continuamente en experimentar más, más y más de Cristo. Sus más importantes metas eran conocer a Cristo en su plenitud y experimentar todo lo que pudiera de él.

¿Cuáles son sus metas hoy día? ¿Está insistiendo en ellas?

Cómo establecer metas divinas

Una meta es un objetivo, propósito o sentido de dirección hacia el cual dirige todas sus energías, anhelos y esfuerzos. Las metas dan lugar a objetivos, propósitos y fines específicos. Son los blancos hacia los cuales enfoca su vida. Una meta involucra el esfuerzo organizado y planificado de su vida. Es una declaración de intención que intenta desarrollar, madurar, hacer crecer o cambiar en una manera positiva, específica y alcanzable. Las metas para los cristianos se basan en la comprensión de que no vivimos para nosotros mismos sino para el Señor. ¿Está completamente consciente y convencido de que ya no se pertenece solo a sí mismo? Como creyente en Cristo Jesús, usted ha sido comprado por un precio: la preciosa sangre de Jesucristo (1 Corintios 6.19-20). Ahora es posesión de Jesucristo. Le pertenece. Tiene una vida que él espera que invierta en los asuntos del Señor, una vida de la cual se espera que glorifique a Dios.

Cómo establecer una meta primordial

La meta principal del apóstol Pablo era conocer al Señor Jesucristo de manera personal e íntima, y hacerlo hasta el punto de conformarse por completo a la imagen de Cristo. La Biblia nos dice que Dios tiene esta misma meta primordial para cada uno de nosotros. Romanos 8.29-30 dice:

> A los que antes conoció, también los predestinó para que fuesen hechos conformes a la imagen de su Hijo, para que Él sea el primogénito entre muchos hermanos. Y a los que predestinó, a estos también llamó; y a los que llamó, a estos también justificó; y a los que justificó, a estos también glorificó.

Cualquier otra meta debe ponerse bajo esta prioridad: conocer a Cristo y ser conforme a su imagen. Si usted se ha fijado una meta que no está no alineada con este objetivo principal, Dios no le ayudará a lograrla pues él no le animó a establecerla. Si una meta no se puede colocar bajo este fin supremo de conocer a Cristo y ser conforme a su carácter, entonces es *contraria* a los propósitos divinos para su vida, y Dios se opondrá a sus intentos de lograrla.

¿Tengo personalmente una meta principal? Por supuesto. Mi meta es conocer a Cristo tan íntima y plenamente como me sea posible. Mi meta secundaria, que determina mi patrón de vida y los detalles de mi programación diaria, es esta: llevar el evangelio de Jesucristo a tantas personas como pueda, de manera tan clara, rápida e irresistible como me sea posible, por el poder del Espíritu Santo y para la gloria de Dios. Punto. *Por* eso vivo.

Esa meta me motiva a levantarme en la mañana y trabajar duro todo el día, y a menudo hasta bien entrada la noche. Esa meta dirige mis demás prioridades. Me impulsa a mantenerme tan sano, entusiasta y fuerte como me sea posible. Esa meta me motiva a buscar continuamente nuevas maneras de expresar el evangelio, y nuevas vías de continuar la difusión del mensaje evangelístico.

Preferiría predicar el evangelio por cuarenta años más que por veinte más. Si muero mañana, o en los próximos cinco minutos, sé que mi corazón está bien con Dios y que estaré con él. Sin embargo, mi *anhelo* es vivir muchos años más yendo tras la meta que creo haber recibido de Dios. Estoy contento con mi vida actual, pero deseo hacer mucho más para extender el evangelio por todo el mundo.

¿Es su meta principal el deseo de conocer a Cristo y ser conforme a su imagen? Si es así, lo más probable es que Dios honrará todas sus otras metas. Si estas no tienen absolutamente nada que ver con Cristo Jesús, le animo a evaluar de nuevo su pensamiento y la determinación de objetivos. Analice de nuevo lo que en realidad significa para usted tener éxito. ¿Lo quiere tener según la definición de Dios o según la suya?

¿Tener como objetivo primordial ser conforme a Cristo le limita al establecer sus metas? Seguro que no. Por el contrario, ¡esta meta *expande* su pensamiento cuando se trata de establecer objetivos divinos!

Todas estas metas se amoldan al propósito primordial de Dios para cada cristiano:

- Caminar diariamente en el Espíritu
- Experimentar el mismo asombroso poder del Espíritu Santo que Jesús experimentó
- Servir a Dios en la plenitud de la guía y el poder del Espíritu Santo
- Maximizar todo mi potencial
- Utilizar todos mis talentos y capacidades de la manera en que Dios los creó para ser usados
- Hacer realidad el propósito de Dios en mi vida
- Experimentar y disfrutar la vida a plenitud
- Tener la sensación de satisfacción profunda y duradera de haber cumplido los objetivos de Dios para mi vida
- Experimentar el gozo que se produce al conocer a Cristo

Los beneficios de tener metas

¿Qué hacen las metas por usted? Le ayudan a establecer prioridades. Algunas cosas se vuelven indispensablemente importantes, mientras otras dejan de tener importancia.

Las metas le ayudan a enfocar sus esfuerzos. Evitan que caiga en asuntos, relaciones y actividades erradas que sirven como distracciones y hasta como elementos de disuasión.

Las metas le ayudan a determinar su agenda, no solo a largo plazo sino también diariamente. Una persona con objetivos no quiere perder tiempo.

Las metas ayudan a equilibrar su vida. Mantenerse sano y sentirse bien —lo cual incluye nutrición apropiada, sueño adecuado, momentos de recreación y relajación, y ejercicio diario— cobra importancia porque se relaciona con la capacidad de lograr metas. La vida espiritual se vuelve muy importante debido a que las únicas metas que en realidad valen la pena están vinculadas a propósitos y recompensas eternas. Involucrarse con otros en la iglesia y en el mundo del trabajo permite a una persona hacer más de lo que podría lograr por sí misma, ya sea participando directamente en el ministerio de evangelización o proveyendo los fondos necesarios para alimentar ese ministerio.

Características de una persona con metas

¿Cuáles son las cualidades de alguien que tiene metas en la vida? *Una persona con metas tiene dirección en su vida.* Va hacia algún lugar. Tiene un destino. No anda divagando frívolamente por la vida.

Una persona con metas tiene entusiasmo por la vida. Tiene alegría y una motivación interior que dice: «Estoy feliz de levantarme en la mañana e iniciar con ansias este plan divino». Las metas diarias casi siempre parecen tomar más significado porque están vinculadas con propósitos de mayor envergadura y con la meta principal. Muy a menudo las metas se vinculan directamente con un deseo de vivir. Una persona con metas siente, y cree, que vale la pena vivir.

Una persona con metas tiene una energía notable. Hay un nivel de energía en la vida de alguien con metas que no posee el que ha escogido llevar una vida cómoda. Una persona con metas a menudo trabaja diez o doce horas al día, porque no quiere abandonar la búsqueda de un objetivo. Casi nunca mira la hora, debido a que está concentrada en las tareas que tiene a mano o en las relaciones que está forjando.

Una persona con metas frecuentemente es muy creativa. Parte de lo que nuestro Creador puso en cada uno de nosotros es un impulso creativo para iniciar nuevos proyectos, negocios o ministerios; para intentar algo nuevo; o para producir algo único. A cada individuo se le ha dotado de una serie exclusiva de talentos, sueños, deseos, tendencias, aptitudes y dones espirituales. La variedad está señalada para un propósito creativo, de tal manera que la persona pueda expresar sus cualidades únicas en un modo singular. Cuando alguien sigue tras las metas que Dios le da, siente fuerzas creativas que fluyen de su fuero interno. Su mente zumba con ideas acerca de cosas por hacer, e intenta nuevos enfoques y métodos para enfrentar antiguos problemas. *Una persona con metas busca la excelencia.* Alguien que busca activamente cumplir una meta dada por Dios, tal vez se dedique a conseguirla con lo mejor de sus capacidades. Ha invertido en sus metas y anhela verlas cumplidas con una excelencia en los métodos, una excelencia de espíritu, y con la excelencia como distintivo del producto, servicio o resultado.

Una persona con metas aprecia muchísimo a otros que tienen metas y andan tras ellas con lo mejor de su capacidad. Disfruta teniendo personas de éxito a su alrededor. Desea que otros triunfen. Disfruta compartiendo sus conocimientos con otros que desean aprender de su experiencia y talento.

Una persona con metas tiende a estar físicamente más saludable que otra sin metas. El individuo con metas quiere sentirse bien. Trabaja y se mantiene sano, debido a que valora su vida y quiere vivir para ver sus metas cumplidas. Desea hacer lo necesario para estar fuerte y funcionar al máximo de su capacidad mental. Se disciplina a sí mismo con el fin de tener suficiente energía para finalizar la labor que cree Dios le ha encomendado y le está permitiendo desempeñar.

Una persona con metas tiende a estar emocionalmente más saludable que otra sin metas. El individuo con metas tiene una sensación de alegría, placer, satisfacción y felicidad. Tiene muy poca inclinación a meterse en enemistades, discusiones, contiendas o desacuerdos. Vive con menos amargura y no alimenta sensaciones de ira, frustración ni desilusión. Se interesa más en lo que vislumbra en el futuro que en los perjuicios del pasado.

Características de una persona sin metas

¿Cuáles serían las características de alguien que no tiene metas?

Piense por un momento en ese tipo de persona. Es muy probable que exhiba las siguientes características: *Una persona sin metas por lo general no tiene entusiasmo en la vida.* Le falta entusiasmo para levantarse en la mañana. No tiene ambición para sacar provecho de cada día. Nada la vigoriza. *Una persona sin metas va a la deriva por la vida, sin un sentido de dirección.* Quien no tiene metas tiende a andar sin rumbo, nunca logra mucho y realmente no busca hacer algo. Tal sujeto tiende a sobrevivir día a día, lo gasta todo sin preocuparse del futuro, toma la vida como se presente y hace muy poco por cambiar las circunstancias negativas. Es capaz de involucrarse en algo atractivo que aparezca en el camino, incluyendo lo negativo y hasta lo malo, solo por el afán de tener algo en qué pensar o qué hacer. Alguien así acepta la mediocridad como una manera de vivir.

Una persona sin metas a menudo critica a otros, especialmente a quienes están triunfando o trabajando duro para alcanzar objetivos específicos. El individuo sin metas básicamente no se aprecia mucho. No se cree digno de lograr nada o de hacer algo importante. Para sentirse mejor tiende a criticar a otros, esperando bajarlos a su nivel. Critica especialmente a quienes están en busca de metas, a menudo ridiculizándolos con expresiones como: «intenta ser un pez gordo», «tiene ansiedad por el dinero», «anda en busca de un sueño». Disfruta viendo cómo otros fracasan o se topan con dificultades, pues con esto justifican más su propia pereza e indisposición de tomar riesgos en la persecución de metas.

Una persona sin metas tiende a conformarse a vivir en una rutina. Asegura gustarle la constancia, pero en realidad le asustan los cambios y los desafíos. Está dispuesto a conformarse con la rutina. El individuo que opta por vivir en una rutina cierra virtualmente su espíritu a cualquier reto de Dios para crecer, madurar o desarrollarse. Tal sujeto rara vez oye el llamado que el Señor le hace de alcanzar nuevas personas para el evangelio o de participar en un nuevo ministerio de evangelización.

Una persona sin metas termina llevando una vida de desilusión. Cuando mira su pasado, le desalienta lo poco que tiene para mostrar durante el tiempo que ha pasado en la tierra. Tiene la sensación de que ha desperdiciado su vida, sus recursos, su tiempo, su energía y sus dones. Realmente creo que llevar una vida sin la búsqueda de metas es un pecado contra Dios. Es descartar todos los retos divinos para alcanzar a otros. Es ser un mal mayordomo del precioso don de la vida que Dios nos ha dado. Además, es vivir en desobediencia al llamado divino de crecer en Cristo Jesús, de madurar en él y ser conformes a él. Es negar la validez del propósito y del plan inicial de Dios para la vida de una persona, y es alejarse por completo del potencial que el Señor ha colocado en el interior de cada persona.

¿Cuál prefiere ser?

Mire el panorama general de alguien que tiene metas y alguien que no las tiene:

PERSONA SIN METAS	PERSONA CON METAS
• A la deriva	• Sentido de dirección
• Ningún entusiasmo por vivir	• Entusiasmo por la vida
• Acepta la mediocridad	• Persigue la excelencia
• Critica a otros que tienen éxito	• Aprecia a quienes triunfan
• Desilusionado de la existencia	• Fuerte sentido de propósito, valor y aprecio
• Se conforma con vivir en la rutina	• Busca una vida activa y creativa

- Mal mayordomo de los dones divinos de tiempo, recursos y energía

- Busca una vida equilibrada que se basa en la salud emocional y física

¿Qué clase de persona cree que Dios anhela que usted sea? ¿Cuál de estas dos clases de persona es usted?

Por qué las personas fallan en establecer metas

Si las metas son tan beneficiosas para nosotros y tienen tanto que ver con la calidad del carácter que el Señor desea que desarrollemos, ¿por qué no todos los cristianos tienen metas? ¿por qué no todos los cristianos insisten en el llamado de Cristo en sus vidas?

Creo que hay varias razones.

Algunos se dedican a autodescalificarse

Una de las razones más importantes para que las personas no fijen ni sigan metas es que no creen que el éxito o la fijación de metas se aplique a ellas.

Por ejemplo, un ama de casa podría decir: «Ah, soy solo un ama de casa. Vivo día a día para suplir las necesidades de mi familia». Un ama de casa puede y debe tener metas. Ser ama de casa no sustituye ni invalida el tener metas piadosas. Considere estas metas que están alineadas con el objetivo principal de conocer a Cristo, y que también son posibles metas para una ama de casa:

- Criar hijos que crezcan en el amor del Señor Jesucristo, que acepten a Jesús como Salvador, y que tengan un buen conocimiento y buena comprensión de la Biblia y sepan cómo aplicar sus principios a sus vidas diarias.

- Crear un hogar que sea en realidad un refugio de seguridad, consuelo y ánimo para cada miembro de la familia.

- Crear un ambiente hogareño lleno del gozo y la paz del Señor.
- Crear un hogar hermoso, limpio y bien equipado, que sea un testimonio de la creativa y ordenada creación de Dios.
- Crear un programa familiar que permita la buena mayordomía del tiempo para cada miembro de la familia; incluyendo horarios de trabajo, sueño, juego, estudio, conversación y descanso.

¡Qué maravillosas son estas metas para una ama de casa!

Algunos podrían decir: «Ya llegué a los noventa años, ¿qué metas podría tener?»

Una persona puede establecer muchas metas para sí misma a pesar de la edad. Quien tiene más edad tal vez debería ser el primero en ponerse estas metas:

- Mantener mi cuerpo en el mejor estado posible, consumiendo alimentos nutritivos y saludables, haciendo ejercicio diario y durmiendo lo suficiente.
- Mantener mi mente tan alerta como sea posible, leyendo y estudiando cosas nuevas y usándola para resolver problemas y tomar decisiones sabias y bien analizadas.
- Mantener mi espíritu firme por medio de la lectura diaria de la Palabra de Dios y de la oración, no solo por mí sino intercediendo por otros.
- Mantener viva mi relación con los miembros de mi familia y con mis amigos, a través del contacto frecuente, positivo e interdependiente.
- Mantener activos mis dones ministeriales, usando de cualquier manera posible mis talentos espirituales en mi iglesia y mi comunidad.
- Mantener vivos mis talentos naturales por medio de la práctica

continua y del uso de las habilidades que adquirí al principio de mi vida.

¡No hay limitaciones de edad en tales metas!

A algunos les falta conocimiento

Algunas personas no logran establecer metas porque no saben cómo hacerlo. Creen equivocadamente que las metas son sueños. Unas y otros son muy diferentes.

Un sueño es un anhelo, una esperanza, un deseo. A menudo está enraizado en una fantasía insatisfecha o en algo imaginado en la infancia. Con esto no quiero decir que los sueños no sean importantes ni dignos de ser cumplidos. Al contrario, muy frecuentemente nuestros sueños son las semillas que hacen brotar las metas. Toda persona debe tener sueños.

Sin embargo, una meta es un sueño establecido dentro del contexto del tiempo. Una meta hace concreto a un sueño y pone parámetros específicos alrededor de él.

Le daré unos cuantos ejemplos:

* SUEÑO: Ser un misionero.
META: Analizar organizaciones misioneras y emprender lo que sea necesario para estar en el campo misionero en un plazo de tres años.
* SUEÑO: Iniciar un negocio que glorifique a Dios.
META: Ser el dueño de una librería cristiana dentro de cinco años.
* SUEÑO: Estar involucrado en los medios cristianos de comunicación masiva.
META: Conseguir un empleo en una estación de radio o televisión en los próximos seis meses.

Cuando era niño soñaba que mi vida tuviera alguna utilidad. Anhelaba hacer algo importante y que valiera la pena en mi vida, pero no sabía exactamente cómo podría lograrlo.

Cuando llegué a la adolescencia y me preparaba para la universidad comencé a preguntarme: ¿Qué es lo que en realidad me importa? Reflexioné en lo que verdaderamente me parecía importante y valioso. Mientras más lo pensaba, más comprendía que deseaba predicar el evangelio. Hablar a otros acerca de Jesús y enseñar lo que la Biblia dice acerca de la vida cristiana se convirtieron en las cosas más importantes que me podía imaginar llevando a cabo.

A veces las personas me preguntan: «Dr. Stanley, ¿cuándo y dónde lo llamó el Señor a predicar?» Mi respuesta es que él me llamó a predicar al restarle importancia a todas las demás ocupaciones que eran intrascendentes, innecesarias y poco interesantes, no para otros sino para *mí*.

¿Qué sueña hacer?

¿Qué metas están conectadas con tal sueño?

Algunos son demasiado perezosos

Algunas personas saben cómo establecer metas, pero son demasiado perezosas para llevarlas a cabo. Son mentalmente indolentes. No quieren pensar en la importancia, valor o relevancia de sus propias vidas. No desean levantarse de sus cómodos sillones y hacer lo que el Señor podría desafiarles a hacer.

Le pregunté a un hombre qué metas le estaba llevando Dios a cumplir, a lo que respondió: «Mi única meta ahora es retirarme a descansar. Ya he hecho la mayor parte de la obra en mi vida. Estoy cansado. Mi meta por ahora es tomar las cosas con calma».

¡Este hombre estaba en sus cincuenta! No podía imaginar que realmente pensara que había hecho la mayor parte de la obra de su vida. Tal vez necesitaba unas vacaciones o unos cuantos meses alejado de su trabajo empresarial para recuperar su fortaleza y su entusiasmo por la vida. Desde mi perspectiva, sin embargo, este hombre necesitaba dar una gran caminata con el Señor para establecer nuevas metas para su vida que lo sacarían de su comodidad y lo llevarían a producir para la extensión de la obra de Dios en esta tierra.

A algunos les falta fe

Muchos individuos tienen metas —a menudo no expresadas— acerca de lo que les gustaría hacer con sus vidas. Sin embargo, algunos no dan el primer paso para convertir las metas en planes, para luego trabajar en ellos. ¿Por qué? Porque no creen poder lograr lo que desean hacer. Prefieren no hacer nada que intentar algo que no están seguros de poder lograr.

Prefiero intentar algo que sé no puedo conseguir sin mucha ayuda, y fracasos, que pasar mi vida haciendo esas cosas en las que sé que puedo triunfar usando mis propios recursos.

Se nos ha llamado a tomar riesgos y a tener fe. Tendríamos poca necesidad del Señor si pudiéramos hacer todo por nuestra cuenta, sin él y sin la ayuda de otros. Él creó en nosotros una capacidad y un deseo de establecer metas que estén más allá de nuestro alcance y de nuestra habilidad para alcanzarlas por nuestras propias fuerzas. Lo hizo así para que necesitemos confiar en él, y en que él hace por nosotros lo que no podemos hacer por nuestra cuenta. Él nos llama a cada uno a vivir por fe, como lo escribiera el apóstol Pablo a los corintios: «Por fe andamos, no por vista» (2 Corintios 5.7).

Algunos temen fracasar

Otros tienen metas, pero no las realizan porque tienen miedo. Quizás teman al fracaso. Podrían temer el rechazo de otras personas. Tal vez les asuste que vayan a desilusionar a otros o a ellos mismos.

Debemos aprender a distinguir entre ser un fracaso y fracasar en algo. Podría caer derrotado en un juego particular, pero eso no significa que sea un fracaso. Podría ganar el campeonato de la liga incluso con algunos partidos perdidos. El asunto es mantenerse intentando. Una persona no fracasa por completo a menos que renuncie. Mientras continúe enfocado en una meta, hay posibilidades de que la obtenga con éxito. Todos tememos fracasar. Es en ese mismísimo punto que estamos llamados a volvernos a Dios, a utilizar nuestra fe y a seguir adelante con valor.

Debemos reconocer que nuestros fracasos pueden ser finalmente para nuestro provecho. Muchas personas aprenden más de sus fracasos que de sus triunfos. Aprenden qué funciona, qué no funciona y qué no deben seguir intentando. A menudo Dios permite la derrota en la vida de un creyente para guiarlo por el sendero en el que debe caminar y en el cual tendrá éxito.

—Acabo de terminar un tercer experimento que no produjo los resultados que esperaba —dijo en cierta ocasión un investigador del cáncer.

—¿Está usted desanimado? —le preguntó un periodista.

—¡Por supuesto que no! —respondió sonriendo el investigador—. Mi ánimo está intacto. Ahora conozco tres maneras más que no son efectivas en la lucha contra esta clase particular de tumor. Estoy tres pasos más cerca de la que *sí* funcionará.

Algunos tienen poca visión del futuro

Hay personas capaces de planificar para hoy o mañana, pero parece que no pueden prever metas más futuristas. A menos que estén tratando con algo como comprar una casa o un auto, no pueden imaginarse haciendo planes o convenios que vayan más allá de su próximo sueldo.

Ciertamente la Biblia nos dice que no sabemos lo que puede traer un día y que debemos vivir de día en día, pero creo que las más grandes verdades bíblicas son estas:

• Debemos confiar en que Dios suple nuestras necesidades diarias y nos guía por las circunstancias que enfrentamos día a día.

- No debemos albergar deseos de venganza o falta de perdón más allá del día. No debemos acostarnos iracundos ni permitir que la amargura se arraigue en nuestros corazones. Debemos perdonar rápidamente a los demás.

- Debemos vivir cada día a plenitud, sacando ventaja de cada oportunidad que se nos concede para extender el evangelio y cumplir los objetivos divinos que estamos persiguiendo.

Algunos creen que establecer metas no es bíblico

Algunos en el cuerpo de Cristo discuten que los cristianos no deben establecer objetivos. Citan varios pasajes de la Biblia para apoyar su creencia. Deseo examinar cada uno de estos pasajes.

El argumento del contentamiento. Hebreos 13.5 es el primer pasaje que se acostumbra emplear en la enseñanza de que es antibíblico establecer metas: «Sean vuestras costumbres sin avaricia, contentos con lo que tenéis ahora; porque Él dijo: No te desampararé ni te dejaré».

Este versículo no tiene nada que ver con si una persona debe o no establecer metas o tener sanas ambiciones. La amonestación a estar «contentos con lo que tenéis» se relaciona directamente con la afirmación «sean vuestras costumbres sin avaricia [codicia]». No debemos codiciar lo que alguien más tiene, incluyendo el éxito. Uno de los diez mandamientos declara: «No codiciarás». Nuestras vidas no deben estar dirigidas por el deseo de adquirir cosas o por el amor al dinero.

Si la idea que una persona tiene del éxito es conseguir todo el dinero posible para tener seguridad, está completamente equivocada. Nuestra seguridad no se puede basar en el dinero, porque la riqueza va y viene, se levantan fortunas y caen; grandes patrimonios e imperios financieros se derrumban de la noche a la mañana. Nuestra seguridad yace únicamente en Cristo Jesús, quien nos dice: «No te desampararé ni te dejaré».

Un versículo relacionado que se utiliza contra el establecimiento de metas es Filipenses 4.11: «No lo digo porque tenga escasez, pues he aprendido a contentarme, cualquiera que sea mi situación».

¿Qué significa contentamiento? *Contentamiento es la comprensión de que Dios ha provisto todo lo que necesitamos para nuestra felicidad actual.* Felicidad y establecer metas no son sinónimos. Felicidad y éxito no son sinónimos. Estar contento es la comprensión de que Dios es la fuente de todo lo que necesitamos para nuestra felicidad presente.

Filipenses 4.11 no recomienda que debemos dejar nuestras actividades y permanecer satisfechos con nuestro nivel actual de logros, ministerio y crecimiento espiritual. ¡Todo lo contrario! Este versículo es del mismo Pablo que solo unos versículos antes escribió: «¡Prosigo a la meta!»

Uno de los más grandes misterios de la vida cristiana es que podemos estar muy satisfechos y al mismo tiempo proseguir hacia más objetivos que el Señor ha puesto en nuestros corazones, con el fin de que los alcancemos. Podemos estar contentos y tener el deseo de seguir adelante o hacia arriba, porque nuestra satisfacción está basada en la presencia de Cristo en nuestro interior. Nuestra relación con Jesús nos permite estar contentos *en* todas las situaciones y al mismo tiempo desear que cambie nuestra situación.

Muchas personas hablan de los «buenos viejos tiempos». Sin embargo, aun no encuentro un individuo que realmente quiera regresar y vivir en esos tiempos. No quiere ponerse a leer a la luz de una vela ni lavar la ropa a mano. No quiere volver al pasado para usar máquinas manuales de escribir o hacer cálculos matemáticos sin la ayuda de una sumadora, una calculadora o una computadora.

¿Significa esto que quienes vivieron en los tiempos de antaño no estaban contentos? No, realmente no. Los que conocieron a Cristo experimentaron gran paz, gozo y satisfacción en sus almas. Sin embargo, ¡gracias a Dios también tuvieron el deseo de inventar la bombilla eléctrica, la lavadora eléctrica, los procesadores de palabras y las calculadoras portátiles!

El contentamiento tiene que ver con su actitud: estar contento es saber que puede descansar en el Señor y confiar en que él le ayuda en cada situación y cada meta. Es vivir libre de preocupaciones y ansiedad. Es vivir sin ira, amargura o resentimiento hacia otras personas. Es vivir en paz con Dios, su Padre celestial. Es saber que tiene perdón y que vivirá eternamente en el cielo.

Contentamiento es saber que no importa lo que una persona le pueda hacer —torturarlo, perseguirlo, ridiculizarlo, o hasta matarlo— no lo puede separar del amor y el perdón de Dios.

Hágase hoy estas preguntas:

- ¿Estoy satisfecho con lo que sé acerca de Dios, o hay algo más que aún deseo conocer?

- ¿Estoy satisfecho con la profundidad e intimidad de mi relación con Cristo, o hay algo más que aún deseo experimentar en mi relación con el Señor?

- ¿Estoy satisfecho con lo que sé acerca de la Palabra de Dios, o hay algo más que aún deseo aprender y aplicar a mi vida?

- ¿Estoy satisfecho de estar cumpliendo, al máximo de mi capacidad, todo lo que Dios desea espiritualmente para mí, o creo que aún hay algo más que él desea que haga?

- ¿Estoy satisfecho de usar mis dones espirituales al máximo, o hay aún algo más que puedo hacer para mostrar a Cristo Jesús en el mundo en que vivo y en la iglesia que pertenezco?

Como cristianos, estamos, y deberíamos estar, contentos de saber que Jesús es nuestro Salvador y que tenemos seguridad eterna en él. Sin embargo, nunca debemos contentarnos con el nivel o grado de nuestra madurez espiritual, o el nivel de nuestro parecido con Cristo. Siempre hay espacio para crecer. Es precisamente en las áreas de lo que puede ser y en las de más crecimiento donde debemos establecer metas de acuerdo a la dirección de Dios.

El Señor pone en todo verdadero cristiano nacido de nuevo una sed o hambre insaciable de conocerlo mejor. Realmente podemos deleitarnos y estar contentos y satisfechos con el Señor, y al mismo tiempo tener un profundo deseo de crecer, comprender más y llegar a tener mayor intimidad con él. Así es como Dios nos hace. Rechazar nuestro deseo de crecer, madurar y profundizar nuestra relación con Dios es colocarnos en una situación en la cual probablemente sintamos lo opuesto al contentamiento.

El argumento acerca de vivir cada día como se presente. Mateo 6.31-34 es otro pasaje que a menudo se utiliza para contrarrestar la necesidad de establecer metas:

> [Jesús enseñó] No os afanéis, diciendo: ¿Qué comeremos, o qué beberemos, o qué vestiremos? Porque los gentiles buscan todas estas cosas; pero vuestro Padre celestial sabe que tenéis necesidad de todas estas cosas. Mas buscad primeramente el reino de Dios y su justicia, y todas estas cosas os serán añadidas. Así que, no os afanéis por el día de mañana, porque el día de mañana traerá su propio afán. Basta a cada día su propio mal.

Jesús no enseña en este pasaje sobre planificar o no hacerlo. Este pasaje bíblico trata de la preocupación; sentir ansiedad de si el Padre suplirá, o no, día a día nuestras necesidades de alimento, techo y vestido. La respuesta de Jesús es un rotundo: «¡Sí! El Padre le cuida. ¡Él suplirá sus necesidades!»

Jesús también dice que debemos buscar en *primer lugar* el reino de Dios y su justicia. Creo que una de las maneras más importantes de hacerlo es pidiéndole que nos ayude a establecer metas que estén directamente relacionadas con su reino y con la búsqueda de su justicia. Las primeras metas que debemos establecer se relacionan con nuestro crecimiento espiritual, con la utilización de nuestros dones espirituales, con nuestro alcance espiritual o ministerios, y con nuestras disciplinas espirituales diarias.

Así como el apóstol Pablo escribió a los colosenses, usted tiene el reto de «buscar las cosas de arriba, donde está Cristo sentado a la diestra de Dios, y poner la mira en las cosas de arriba, no en las de la tierra» (Colosenses 3.1-2).

El apóstol escribió a Timoteo: «Sigue la justicia, la piedad, la fe, el amor, la paciencia, la mansedumbre. Pelea la buena batalla de la fe, echa mano de la vida eterna, a la cual asimismo fuiste llamado, habiendo hecho la buena profesión» (1 Timoteo 6.11-12).

Sus metas principales se deben relacionar con el carácter interior y con lo que produce recompensa eterna.

Cuatro preguntas acerca de las metas

Al establecer sus metas personales, hay cuatro preguntas que a mi parecer se debe hacer:

Primero, pregunte a Dios: «¿Señor, por qué esto es importante para ti? Si usted comprende la respuesta al *porqué* de su meta, estará en una posición privilegiada para buscar respuestas a todas las demás inquietudes: *cómo, cuándo, dónde* y *con quién.* Escuche con atención las respuestas que Dios le da acerca de por qué desea que haga ciertas cosas o muestre ciertos rasgos de carácter. De esta manera comprenderá mejor los propósitos y planes más abarcadores de Dios.

Segundo, pregunte sobre cada meta que establezca: «Señor, ¿se ajusta esto a tu plan para mi vida? Algunas tareas y metas son muy importantes para el Señor, pero él no le pide que las emprenda. Quizás no armonizan con sus dones naturales o espirituales. O tal vez sean buenas tareas y metas, pero no lo *mejor* que Dios tiene para usted. Pregúntele qué es lo que debe seguir.

Tercero, pregúntese a sí mismo: «¿Armoniza esta meta con la Palabra de Dios? El Señor no le llevará a buscar un propósito que sea contrario a su Palabra. Él no violará los principios bíblicos sobre *cómo* buscar un objetivo. Tampoco le guiará a buscar una meta que desmerezca de alguna manera su conformidad al carácter de Cristo. Revise siempre sus objetivos a la luz de la Biblia. Estos deben alinearse perfectamente.

Cuarto, pregunte acerca de cada meta: «¿Cómo podría el logro de este objetivo traer bendición a otros?» Dios nos da metas para poder hacer dos cosas simultáneamente: hacer una obra refinadora en nuestra vida y a la vez beneficiar a otros y que sea para el bien eterno de ellos.

Con esta perspectiva sobre el establecimiento de metas, llega el momento en que debe escribirlas. Ese es el primer paso para convertir lo que cree verdadero acerca de las metas en una declaración de los propósitos de Dios para su vida.

4

ESCRIBIR LAS METAS DADAS POR DIOS

El Señor valora mucho que escribamos lo que habla a nuestros corazones o lo que nos desafía a hacer.

El profeta Jeremías recibió en varias ocasiones el mandato de escribir las palabras del Señor. Leemos en Jeremías 30.2: «Escríbete en un libro todas las palabras que te he hablado». El Señor fue aún más específico en Jeremías 36.2: «Toma un rollo de libro, y escribe en él todas las palabras que te he hablado».

El Señor le dijo al profeta Habacuc:

Escribe la visión, y decláralá en tablas, para que corra el que leyere en ella (Habacuc 2.2).

No es suficiente que sueñe con las cosas que le gustaría tener como metas. A la larga una meta debe ser *la declaración de una intención*.

Las metas deben fijarse en el contexto del tiempo

Además de escribir las metas, debe establecerlas en el contexto del tiempo. Las metas reales tienen un punto final dentro de un marco particular de tiempo. Por consiguiente, tienden a ser de tres clases: inmediatas, a corto plazo y a largo plazo.

Metas inmediatas

Estas metas tienden a ser diarias o semanales, o quizás tomen un mes. Cada semana tengo la meta inmediata de preparar un sermón que supla las necesidades de mi congregación. Trato de prepararlo de tal manera que sea fácil de comprender y de seguir, y difícil de olvidar. Mi deseo es preparar un mensaje que los demás apliquen a sus vidas y que sea fácil tomar notas de este.

Sin importar el marco de tiempo establecido para cualquier meta, es necesario desglosarla en labores que deben hacerse día a día.

«Ponerse en mejor forma física» podría estar entre sus metas personales a largo plazo. Sin embargo, es necesario descomponerla en situaciones que puede llevar a cabo diariamente, como «ejercitarme hoy» y «comer hoy de manera saludable».

Todas las noches hago una lista de lo que creo debería hacer, o que quiero hacer, al día siguiente. ¿Logro cumplir todo lo que hay en esa lista? ¡Cielos, me encantaría que así fuera! Casi nunca consigo hacer todo lo que hay en ella. Pero rehúso desanimarme. La siguiente noche tacho las tareas que realicé y agrego a la lista del día siguiente las que no llevé a cabo. Una lista diaria me mantiene enfocado en el logro de las cosas realmente importantes para mí. También me ayuda a organizar mis actividades y a mantenerme firme en mis prioridades. Además me recuerda que deseo desarrollar ciertos hábitos, cultivar ciertas relaciones y conseguir ciertas cosas en el futuro inmediato. (En el capítulo 11 hablaré más ampliamente del valor de hacer una lista diaria.)

Metas a corto plazo

Estas metas usualmente toman de uno a tres meses, y a veces hasta un año.

Hace poco tiempo establecí la meta a corto plazo de hacer un viaje para tomar fotografías en un paraje inexplorado. Disfruté en gran manera tomando fotos de la naturaleza. Estas fotografías son para mí una forma creativa de expresar mi alabanza a Dios, así como de expresar a otros el agradecimiento y la alegría que siento por la creación del Señor. Planificar un viaje con varias semanas de anticipación fue una meta a corto plazo.

Metas a largo plazo

Las metas a largo plazo generalmente se extienden más de un año. Aquí se incluyen las metas de toda la vida.

Creo que lo mejor para la mayoría de las personas es que mantengan en privado sus metas a largo plazo, pero sin que esto se convierta en una excusa para no cumplirlas. Debemos tener proyectos que nos gustaría hacer realidad en los años venideros.

Rara vez hablo con otros de mis metas a largo plazo. Prefiero cumplirlas y luego decir: «He estado trabajando en esto por varios años». Siguiendo en esta línea, me alegra contarle que hace poco logré una de mis metas a largo plazo.

Por años disfruté tomando fotos, pero no tenía metas verdaderas acerca de la fotografía. Finalmente me inscribí en un seminario en Nueva Inglaterra para aprender técnicas y principios específicos. Tomé la decisión de que anhelaba sobresalir en este campo. Comencé poniéndome metas, y una de ellas fue el deseo de publicar algunas de mis fotografías en los libros que estaba escribiendo. Ya cumplí este objetivo.

Para nosotros como cristianos, es muy posible que nuestras metas a largo plazo incluyan las siguientes: ganar tantas almas para Cristo como sea posible, ganar las mayores recompensas celestiales posibles por nuestra fidelidad en seguir el llamado de Cristo en nuestras vidas, y cumplir nuestro propósito en este planeta como «buen siervo y fiel». ¡Las metas eternas son definitivamente las de largo plazo!

Objetivos para cada área de la vida

No solo debemos tener metas que se ajusten a diferentes marcos de tiempo sino también que cubran diferentes áreas de nuestras vidas. Personalmente establezco propósitos en estas seis áreas:

1. Espiritual
2. Personal
3. Familiar
4. Profesional
5. Social
6. Económica

Le daré algunos ejemplos de metas que podrían caer en cada una de ellas:

1. Espiritual. Pasar más tiempo leyendo la Biblia; pasar más tiempo en oración (inmediata). Compartir el evangelio con por lo menos cinco personas el próximo mes; iniciar un estudio bíblico en mi hogar en los próximos dos meses (corto plazo). Renovar mis habilidades musicales y tocar en la orquesta de la iglesia para esta misma temporada el año entrante; tomar un curso de un año sobre el evangelio de Juan; enseñar el verano entrante en la escuela bíblica de vacaciones (largo plazo).

2. Personal. Inscribirme en un gimnasio e iniciar un programa regular de ejercicios (inmediata). Viajar a Israel con un grupo de cristianos el próximo otoño (corto plazo). Obtener un posgrado (largo plazo).

3. Familiar. Dedicar tiempo a mi hijo en el campo de golf este fin de semana (inmediata). Entrenar al equipo de Ligas Menores de mi hija durante la próxima temporada (corto plazo). Lograr que todos mis hijos vayan a la universidad (largo plazo). *4. Profesional.* Hacer hoy cinco llamadas de ventas (inmediata). Ser el vendedor estrella este mes (corto plazo). Ser ascendido a gerente regional (largo plazo). *5. Social.* Invitar a un amigo a cenar en el transcurso de la semana (inmediata). Involucrarme en la visitación a ancianos miembros de mi iglesia (corto plazo). Llevar a cada uno de mis ahijados a unas vacaciones especiales antes de que cumplan dieciocho años (largo plazo). *6. Económica.* Diezmar (inmediata). Ahorrar en los próximos doce meses para comprarme un auto (corto plazo). Pagar completamente una deuda de tarjeta de crédito en dos años (largo plazo).

Los objetivos se pueden poner fácilmente en un cuadro, como el que aquí presento. Le animo a usarlo para identificar sus metas:

	INMEDIATA	CORTO PLAZO	LARGO PLAZO
Espiritual			
Personal			
Familiar			
Profesional			
Social			
Económica			

Pida al Señor que le guíe cuando establezca sus metas

Para un cristiano esta es la clave al establecer metas: pedir la dirección de Dios mientras lo hace. No escriba las cosas que le parecen agradables de hacer, buenas para hacer, o incluso «espiritualmente justas» de hacer. Pregunte a Dios qué desea específicamente que usted haga de inmediato, en el futuro cercano, y a largo plazo. Comience en oración todo momento en el que quiera fijar metas. No hable todo el tiempo. Escuche con cuidado lo que Dios podría hablar a su corazón. No subestime lo que Dios quiere hacer por usted, en usted y a través de usted. Escuche lo que *él* pone en su mente y su corazón.

Luego continúe reflexionando y orando por lo que el Señor parece guiarlo a fijar como metas. Abra su Biblia y estudie particularmente los pasajes relacionados con las metas que Dios parece estarle llevando a establecer. Pase algunos momentos pensando en los dones y talentos, y especialmente los dones espirituales, que Dios le ha dado. Pídale que le dé un panorama de *cómo* debe usarlos y en qué áreas desea que los emplee inmediatamente.

Sea específico en relación con lo que establezca como una meta de largo plazo. Este objetivo tenderá a dirigir y guiar una serie de metas inmediatas y a corto plazo, que son como pasos hacia el cumplimiento de su meta a largo plazo.

Recuerdo que a principios de la década de los setenta fui a Stone Mountain, cerca de Atlanta, en nuestra casa rodante. Allí pasé toda una semana preguntándole a Dios: «¿Qué quieres que haga con mi vida?» Ayuné, oré y escribí lo que el Señor parecía hablar a mi corazón. Para mí era muy importante saber lo que *él* deseaba que hiciera.

Hubo ocasiones en que escribía algo y pensaba: *Vaya, eso es demasiado egoísta para escribirlo*. Sin embargo, cuando me disponía a borrarlo, Dios hablaba a mi corazón: *No, déjalo escrito. Eso es mío*. Hubo otras cosas que creí que debía escribir o que me habría gustado escribir, pero mientras más pensaba en ellas y oraba, menos me interesaba escribirlas. Ni siquiera puedo recordar ahora en qué consistían esas ideas. Perdieron toda importancia para mí. Cuando regresé a casa pasé a máquina cada meta que había escrito, comenzando con esta frase: «En mi vida, voy a...»

Con el paso de los años he revisado esa lista de metas más veces de las que recuerdo. He agregado algunas cosas, pero en su mayoría permanece intacta. Y no me importa contarle que, con muy pocas excepciones, ¡aún estoy trabajando en cada una de esas declaraciones de objetivos! En unos pocos casos, parecía haberse cumplido lo que establecí, pero cuando oraba por las metas particulares, el Señor parecía poner normas aún más elevadas u objetivos más altos en un campo relacionado. Realmente la meta no cambiaba, y no se había cumplido totalmente. Al contrario, se expandía y se desarrollaba, y en algunos casos se diversificaba un poco.

Quizás una buena meta a largo plazo nunca se alcance por completo, y es frecuente que con el paso del tiempo se expanda más a medida que va tras ella. Quizás sea un objetivo digno de nuestra búsqueda durante toda nuestra vida. En vez de cumplirse, tal vez con el tiempo tome diferentes expresiones y características. No obstante, es una meta que permanece.

Tal vez se pregunte: «¿Y si escribo una meta que no es de Dios?» Poco después tendrá una sensación de vacío respecto a ella. Es posible que mientras más ora por esa meta, esté menos interesado en cumplirla. Táchela de su lista. Si es realmente de Dios, él la pondrá una y otra vez en su mente y en su corazón. Si no es de él, casi no pensará en ella, y quizás nunca más lo haga.

Si usted escribe una meta y luego se siente preocupado —inquieto en su espíritu, atribulado en su mente, cuestionando sin respuestas y con una fastidiosa sensación en la boca del estómago— vaya de nuevo ante Dios y dígale: «Señor, ¿te escuché correctamente en este asunto, o es solo mi propia idea?» Escuche con cuidado lo que el Señor le dice.

Cometerá errores al establecer metas. Nadie obtiene una lista correcta la primera vez. A medida que viva sus metas de toda una vida —volviéndolas en inmediatas o de corto plazo, y experimentándolas diariamente— usted comienza a discernir cuáles son divinas y cuáles nacen de sus deseos carnales.

Otros principios relacionados con establecer metas

Luego de pedir la guía divina y de tener su declaración de metas generales, debe hacer algunas otras cosas para establecer metas:

Establezca específicamente lo que intenta lograr

No haga generalizaciones. Sea específico. No diga solo: «Deseo unirme a un estudio bíblico». Nombre el estudio, ponga un plazo para inscribirse, y establezca durante cuánto tiempo participará en él.

Cuando Jesús se encontró con Bartimeo en las afueras de Jericó, le hizo una simple pregunta: «¿Qué quieres que te haga?» (Marcos 10.51). El Señor podía ver que Bartimeo era ciego. El hombre estaba vestido como un ciego. Se puso de pie ante Jesús con ojos que no veían. Sin embargo, le hizo la pregunta.

La razón de la pregunta no era que Jesús pudiera conocer la necesidad. La razón era que Bartimeo enfrentara de plano su necesidad y su sanidad. Con la sanidad le llegarían grandes responsabilidades: se esperaba que trabajara y que participara por completo en su vida familiar, su sinagoga y su ciudad. Ya no viviría más de las limosnas o de la generosidad de sus familiares y amigos.

Al escribir nuestras metas en términos específicos y concretos, tenemos una comprensión más clara de lo que realmente deseamos. Después de haber llenado la tabla relacionada con el establecimiento de metas, una mujer me dijo: «Ya borré cinco cosas. Pensaba que las quería, hasta que en realidad analicé el tiempo y la energía que me tomarían, y cuán poca recompensa espiritual me producirían. ¡Creía saber lo que deseaba hasta que escribí lo que pensaba!» Ese a menudo es el caso.

También necesita fijar sus metas de una manera que al final pueda medir. Si escribe una meta y no hay manera de saber cuándo la ha logrado, no ha hecho una declaración clara de ella. Por ejemplo: «Ser una buena persona» no es una buena afirmación de una meta. «Ser una buena persona el año entrante en esta temporada» tampoco es una buena afirmación. ¿Cuál es su definición de una *buena persona*? ¿Qué significa esto en términos de lo que hará, especialmente en relación con los demás? «Leer más la Biblia» no es una buena declaración. «Leer mi Biblia todos los días» es una afirmación mejor porque se puede medir; sin embargo, aún no es lo suficientemente concreta. «Leer en este año mi Biblia desde el primer libro hasta el último, leyendo al menos media hora todos los días» es una buena declaración de una meta. Una cantidad específica de energía y tiempo se asocia con tal afirmación. Para esa persona será más fácil decir si está logrando su objetivo y si lo ha alcanzado por completo al final del año.

«Recibir más educación» no es una buena declaración. «Ir a la universidad» es más específica, pero todavía no lo suficiente. «Terminar la universidad en cuatro años» es una clara declaración de una meta que se puede medir.

«Ahorrar dinero» no es una buena afirmación. «Ahorrar suficiente dinero en dieciocho meses para dar la cuota inicial de una casa» es una declaración de meta clara, concisa y medible.

Mantenga sus metas en privado

De la misma forma que le animo a escribir sus metas, también le animo a que las mantenga en privado. Uno de los clósets de mi casa es *mi* clóset. Allí solo entro yo. En la pared de ese clóset está mi lista de metas. Sé exactamente dónde está la lista y qué dice cada meta. Mi lista es un asunto entre Dios y yo.

Si usted publica sus metas a los demás se expone a que lo critiquen, no solo en relación a su selección de metas, sino también al fracaso de alcanzar a tiempo algunas de ellas. Sus metas deben ser un asunto de confianza y obediencia a Dios.

Quizás haya algunas cosas que le gustaría hacer, sin que pueda ver cómo se relacionan con su propósito eterno o su meta principal de conocer a Cristo y ser conformado a su carácter. Por ejemplo, usted podría decir: «Quiero ver los alpes suizos y viajar a Australia en algún momento de mi vida». Podría incluso sentirse bien fijando un marco de tiempo para esos viajes. Pero entonces puede preguntarse: «¿Tiene esto que ver con el Señor?» Pregúntele a Dios qué tiene que ver esto con él. El Señor quizás quiera que usted haga un corto viaje misionero a uno de esos países, o tal vez podría ir a orar e interceder por las personas allá. Podría ser que Dios tenga en mente otro propósito para su posible visita esos lugares. Si usted tiene el anhelo de visitar un sitio en particular, y es un deseo permanente a través del tiempo, pregúntele al Señor por qué lo ha puesto en su corazón. Permanezca atento a las oportunidades que él podría revelarle relacionadas con tal deseo.

Muy a menudo cuando fijo metas, he descubierto que el propósito divino que veía en el cumplimiento de la meta y el propósito real de Dios no se parecen en nada. Sus propósitos eran mucho más importantes que los míos.

Conozco a un joven que tenía un fuerte anhelo de ir a Rusia. Ahorró dinero y fue como turista. Mientras viajaba, se sintió llamado a interceder por las personas. En varias ocasiones tuvo la oportunidad de hablar del evangelio. Pensó que su deseo y su propósito se habían cumplido.

Pero, ¿sabe lo que le sucedió al joven cuando regresó a casa? No podía dejar de pensar en los rusos. Mientras más oraba por ellos, más pensaba en ellos; y mientras más pensaba en ellos, más sentía la necesidad de orar por ellos. Se le presentó una oportunidad de ir en un corto viaje misionero para enseñar en un instituto bíblico en Rusia. Hizo el viaje y pensó otra vez que había cumplido el propósito divino de ir a esa nación. Pero Dios tenía más. El joven finalmente regresó a Rusia como misionero y ha servido allá por varios años.

¿Qué pasa si usted no logra una meta en el marco de tiempo que se fijó? ¡No se desilusione! Lo más probable es que alcanzará algunas metas antes de la fecha que estableció para ellas, pero no alcanzará otras hasta después del plazo. Lo más importante no es que cumpla una meta en cierto tiempo sino que se esfuerce continuamente en alcanzarla. Al final, el marco de tiempo es de Dios.

Fíjese metas que no pueda alcanzar por sus propias fuerzas ni en su propia capacidad

Le animo a establecer algunas metas tan altas, que no sea posible alcanzarlas sin la ayuda de Dios. Fíjese objetivos que le hagan esforzarse, le desafíen y hagan que extienda y desarrolle en nuevas maneras sus dones (tanto los naturales como los espirituales). Un propósito verdaderamente dado por Dios se convierte en una meta que usted y él pueden alcanzar, pero que no puede lograr con sus propias fuerzas.

Comprométase con sus metas

No escriba una meta en la que realmente no tenga la intención de trabajar para lograrla, o que no tenga la intención de perseguir con todo su corazón. No establezca metas solo para decir que tiene algunas. Si lo hace, no mantendrá su compromiso ni su motivación para conseguirlas. Escriba únicamente lo que en realidad cree que es agradable a Dios o que viene directamente de él.

Dé un paso a la vez

Los objetivos se alcanzan dando un paso a la vez. Su persistencia debe estar acompañada de cierta cantidad de paciencia. El progreso a veces es lento, pero el adelanto se hace evidente si el compromiso, la motivación y el anhelo permanecen. Quizás no haya bajado las diez libras que se propuso perder antes del verano; no obstante, ¿perdió dos o cinco libras? ¡Eso es progresar en la dirección adecuada! Tal vez haya dejado de leer su Biblia por algunos días, pero ¿la leyó veinte días el mes pasado? ¡Eso es adelanto!

El Señor no tiene prisa. Jesús vivió treinta largos años en esta tierra antes de comenzar su ministerio público activo. ¿Estaba dentro de lo programado? ¿Estaba cumpliendo el exacto reloj de Dios? ¡Sí! Poca cosas que valgan la pena se pueden lograr en un día. Lo importante es una búsqueda lenta, constante y obediente de las metas a las cuales el Señor le ha llamado. Él está tan interesado en su continua fidelidad, disciplina, fe, obediencia y confianza, como lo está en que cumpla las metas que él le ayuda a establecer.

¡Fíjese la meta de manejar su éxito de manera triunfante!
Le animo a tener la meta de mantener o administrar con éxito las bendiciones que Dios le envía. Cada uno de nosotros debe ser responsable de los objetivos alcanzados y de las bendiciones recibidas.

Hace algunos años, un hombre de nuestra congregación hizo algunos movimientos financieros brillantes y se volvió muy rico. En un período de varios meses, los negocios le exigían muchísimo tiempo y energías. Se enfrió su relación con la iglesia. Cuando comenzó a asistir a la iglesia se sentaba en la parte delantera del salón, ávido de oír cada palabra de un sermón. Poco a poco se fue moviendo más hacia atrás, hasta que terminó en la última fila. Su asistencia se volvió esporádica.

Mientras más se alejaba de la iglesia y descuidaba su relación con el Señor, más problemas experimentaba en sus negocios. La realidad era que no supo cómo manejar o administrar su triunfo. No pasó mucho tiempo antes de perder la mayor parte de la fortuna que había adquirido y luchaba por mantenerse espiritualmente a flote.

Se necesita tanta sabiduría y diligencia para alcanzar una meta como para mantenerla una vez lograda.

¡Arriésguese!

¿Recuerda la primera vez que se paró en el borde de una piscina? Dentro del agua, uno de sus padres o tal vez un instructor de natación le decía: «Salta hacia mí. Te voy a aguantar. Vamos, ¡salta!»

Estaba asustado. ¿Realmente esa persona lo agarraría? Al final se dijo, aun cuando quizás no se daba cuenta de lo que hacía: *Me arriesgaré. Voy a saltar a ver qué sucede.*

Si no se hubiera arriesgado, quizás todavía se limitaría a meterse en piscinas poco profundas, y lo más probable es que le daría miedo meterse donde el agua le cubriera las rodillas. Si le hubiera dado demasiado miedo meterse al agua, nunca habría aprendido a nadar.

De la misma manera, muchas personas son demasiado miedosas como para confiar en que Dios les ayude a fijar las metas para sus vidas. Le animo a arriesgarse y escribir hoy día algunas de ellas. Creo firmemente que, si está dispuesto a saltar a los brazos de Dios y confiarle su vida, aprenderá a caminar con él hacia mayores alturas y mejores satisfacciones que nunca ha imaginado. Y se adentrará completamente en el éxito que él desea y ha planeado para usted.

5

UN MODELO PERSONALIZADO PARA SU ÉXITO

ᘐ

Esta es una de las diferencias más importantes entre el mensaje del mundo acerca del éxito y el plan de Dios para el éxito: el mundo busca una fórmula que produce iguales resultados para todas las personas. El plan de Dios es más creativo. Él establece una serie de principios y luego busca, por medio del poder de su Espíritu Santo, manifestarlos de acuerdo a los dones espirituales, talentos naturales, personalidad, circunstancias y situaciones exclusivas de cada individuo.

La Biblia nos da muchos ejemplos de personas que triunfaron en cierto momento (quizás ganando una batalla o con una acción que liberara a los israelitas de un gobernante opresor). Sin embargo, las vidas completas de tres hombres en la Biblia muestran distintos patrones de éxito. Cada uno triunfó en su propio ambiente y generación, pero de diferentes maneras.

El modelo de éxito de la vida de José

José, el undécimo de doce hijos que tuvo Jacob, fue un triunfador a los ojos de Dios. El Señor fue quien planificó y proveyó para su éxito. Desde muy joven, José entendió el plan divino de éxito para él. Tuvo una idea del plan de Dios para su futuro, el cual incluía prominencia, poder y prestigio. Supo por años y años, aun cuando las circunstancias decían lo contrario, que Dios deseaba hacer algo en su vida y con su vida.

El entendimiento de José acerca de su futuro triunfo personal se basaba en dos sueños que Dios le dio cuando solo tenía diecisiete años. En ese tiempo, su trabajo era cuidar los rebaños de su padre. En uno de los sueños, sin embargo, no estaba trabajando como pastor sino como recolector de granos. Él y sus hermanos ataban gavillas en el campo, y la de José se erguía mientras todas las demás se inclinaban ante la suya. En otro sueño, José vio el sol, la luna y once estrellas que se inclinaban ante él.

Igual que muchas personas en la actualidad, José tenía un sueño de éxito, pero ningún plan para lograrlo. El Señor le había permitido darle una ojeada a su futuro, pero no le dio ninguno de los detalles que intervenían. Era decisión de José buscar el plan de Dios para triunfar con fe y obediencia haciendo las cosas que él le ponía en su camino.

Muchos están en la posición en que estaba José. Tienen una sensación o un profundo conocimiento interior de que sus vidas cuentan para algo y que Dios tiene un propósito para sus existencias aquí en la tierra. Tienen sueños de triunfo. Sin embargo, no saben exactamente cómo el Señor lo va a provocar.

Al mirar las circunstancias que rodean sus vidas no ven ninguna señal de triunfo. Al contrario, solo ven montones de libros que deben leer y estudiar, montones de papeles que deben enviar a su destino, o pilas de ropa sucia que deben sacar de las canastas y poner en la lavadora.

Estos hombres y mujeres tienen la semilla de un sueño triunfal grabado para siempre en el corazón y la mente, pero no ven que el éxito llegue. Tienen una sensación de estar «en espera», solo con la esperanza de que Dios les revele su próximo paso. ¿Y qué se les exige hacer mientras se encuentran en esta fase de espera? Ser obedientes a las labores que tienen a mano.

Una relación diaria de confianza y obediencia

El Señor no nos pide que nos sentemos a esperar ociosamente a que nos lance al éxito. Nos pide que confiemos en él y le obedezcamos día a día, un día tras otro, haciendo lo que nos ha confiado hacer. Nos pide que aprendamos las lecciones que pone ante nosotros, algunas de las cuales podrían ser dolorosas y difíciles, y muchas, podrían parecer sin ninguna importancia. Parte de la tarea que Dios nos asigna podría parecer de ínfima importancia y no estar relacionada con el resultado final de nuestro éxito. A menudo no vemos que Dios está edificando en nosotros un firme modelo de experiencia, destreza, confianza, sinceridad, integridad y carácter, de tal manera que estemos listos cuando llegue el momento de estar en una posición de autoridad o influencia.

El éxito puede ser una realidad aun cuando los resultados iniciales parezcan fracasos

José buscó la definición divina del éxito aun cuando todo a su alrededor parecía conducir al fracaso. No recibió el trato de número uno cuando su padre lo envió a ver cómo estaban sus hermanos y sus rebaños en Siquem. Hasta ese momento era el mensajero de su padre (en términos modernos, el muchacho de los mandados). Estaba en los niveles más bajos del escalafón, y se le pedía que hiciera tareas que ningún siervo habría hecho por Jacob.

¿Tuvo éxito José en la búsqueda de sus hermanos? Sí, pero no precisamente por su propia habilidad. Los encontró con un poco de ayuda de un hombre al cual detuvo en el camino para preguntarle por ellos.

¿Tuvo éxito José cuando sus hermanos respondieron a su llegada arrojándolo a una cisterna con la intención de dejarlo morir, y luego al ellos decidir venderlo como esclavo a una caravana de comerciantes ismaelitas que pasaba por allí? Sí. ¿Con relación a qué tuvo éxito? José continuó confiando en Dios y vivió como una persona de honor e integridad. ¿Cómo sabemos que esa fue su actitud? Porque la Biblia dice que sirvió a Potifar, un funcionario de Faraón y capitán de la guardia, de modo tan honorable que el hombre vio que «Jehová estaba con José, y fue varón próspero» (Génesis 39.2). El mismo Potifar tomó como señal del éxito de José que «todo lo que él hacía, Jehová lo hacía prosperar en su mano» (v. 3).

¿Tuvo éxito José cuando la esposa de Potifar intentó seducirlo y él rechazó sus ofrecimientos, huyendo de su presencia, dejándole su manto, una acción que provocó que fuera acusado falsamente y enviado al lugar en que eran encarcelados los prisioneros del rey? Sí, José aun estaba logrando el éxito. ¿Cómo lo sabemos? Porque continuó obedeciendo a Dios en la prisión, y el Señor «le extendió su misericordia, y le dio gracia a los ojos del jefe de la cárcel» (v. 21). El carcelero le entregó el cuidado de todos los prisioneros. José tuvo gran autoridad en esa prisión «porque Jehová estaba con él, y lo que él hacía, Jehová lo prosperaba» (v. 23).

¿Tuvo éxito José cuando interpretó los sueños del copero y del panadero del rey? Sí. Ambas interpretaciones fueron exactas.

¿Tuvo éxito José, aun cuando por dos largos años el copero olvidó su promesa de hablar a Faraón acerca de José? Sí. Este continuó confiando en Dios y estuvo listo cuando llegó la hora de interpretar el extraño sueño de Faraón. El Señor le reveló el significado del sueño y en un día pasó de prisionero a ser el número dos de Egipto. El Faraón le dijo:

Puesto que Dios te ha hecho saber todo esto, no hay entendido ni sabio como tú. Tú estarás sobre mi casa, y por tu palabra se gobernará todo mi pueblo; solamente en el trono seré yo mayor que tú [...] He aquí yo te he puesto sobre toda la tierra de Egipto (Génesis 41.39-41).

Es probable que José no haya sentido el triunfo cuando emprendió un viaje a la esclavitud en Egipto o cuando fue encerrado en la prisión de Faraón. Pero a los ojos de Dios José no había fallado y los propósitos divinos continuaron revelándose. Más tarde, cuando tuvo la oportunidad de proveer otra vez para su padre, sus hermanos y sus familias en una época de gran hambre, José concluyó:

Dios me envió delante de vosotros, para preservaros posteridad sobre la tierra, y para daros vida por medio de gran liberación. Así, pues, no me enviasteis acá vosotros, sino Dios, que me ha puesto por padre de Faraón y por señor de toda su casa, y por gobernador de toda la tierra de Egipto (Génesis 45.7-8).

José sabía que el Señor había planeado y asegurado su triunfo.

¿Cuál es el modelo general de éxito que se ve en la vida de José? Es un modelo de *visión* seguida por años de *fiel preparación, confianza* y *obediencia* que resultó en años de *servicio, autoridad* y *recompensa.*

A través de los siglos vemos esta pauta en las vidas de gran cantidad de líderes cristianos. Muchos hombres y mujeres pueden decir: «Tuve un sueño cuando era niño», o «Dios puso esto en mi corazón cuando solo era un adolescente», o «sentí el llamado de Dios en mi vida cuando solo era un jovenzuelo». Estos mismos hombres y mujeres pasan años capacitándose, estudiando y preparándose. Tal vez lleguen a pasar años de trabajo y ministerio, algunas veces en iglesias muy pequeñas, en lejanos campos misioneros, en áreas rurales o haciendo tareas de ínfima importancia para una organización ministerial. Llega entonces el momento en que Dios parece decir: «Ahora estás listo. Te pondré en el centro de atención. Te llevaré a la vanguardia. Llegó el tiempo para el cual has sido preparado».

Confianza, obediencia y preparación fiel

Jesús habló de estos modelos de éxito en una de sus parábolas. Mientras lee este conocido pasaje bíblico, busque los elementos de confianza, obediencia y fiel preparación que fueron parte del plan de Dios para el éxito:

[Jesús dijo:] El reino de los cielos es como un hombre que yéndose lejos, llamó a sus siervos y les entregó sus bienes. A uno dio cinco talentos, a otro dos y a otro uno, a cada uno conforme a su capacidad; y luego se fue lejos. Y el que había recibido cinco talentos fue y negoció con ellos, y ganó otros cinco talentos. Asimismo el que había recibido dos, ganó también otros dos. Pero el que había recibido uno fue y cavó en la tierra, y escondió el dinero de su señor. Después de mucho tiempo vino el señor de aquellos siervos, y arregló cuentas con ellos. Y llegando el que había recibido cinco talentos, trajo otros cinco talentos, diciendo: Señor, cinco talentos me entregaste; aquí tienes, he ganado otros cinco talentos sobre ellos. Y su señor le dijo: Bien, buen siervo y fiel; sobre poco has sido fiel, sobre mucho te pondré; entra en el gozo de tu señor. Llegando también el que había recibido dos talentos, dijo: Señor dos talentos me entregaste; aquí tienes, he ganado otros dos talentos sobre ellos. Su señor le dijo: Bien, buen siervo y fiel; sobre poco has sido fiel, sobre mucho te pondré; entra en el gozo de tu señor (Mateo 25.14-23).

¿Lo ha puesto el Señor a su servicio y le ha dado tareas específicas, en las que le ha pedido ser fiel y espera que «invierta» y «multiplique»? ¿Tiene una profunda visión para su vida, tal vez algo de lo que nunca ha hablado con otra persona, pero que ha estado con usted durante muchos años? ¿Es este el modelo de éxito que Dios parece estar mostrando para su vida?

El modelo de éxito de la vida de Moisés

Moisés fue un hombre triunfador a los ojos de Dios. Sin embargo, el modelo de su éxito fue muy distinto al de José. Este último no pareció tener ninguna comunicación directa y cara a cara con el Señor, la cual tuvo Moisés en muchas ocasiones. José tuvo una visión del éxito a corta edad, la cual aparentemente no tuvo Moisés.

Muchas personas parecen identificarse con José. Tienen un sueño para sus vidas, pero las interrupciones perjudiciales evitan que lo lleven a cabo. La mayoría de individuos dicen sobre Moisés: «Ah, en realidad él era diferente. Fue escogido por Dios para una misión especial».

Es cierto, Moisés fue escogido por Dios, así como José y usted mismo. Usted no fue menos escogido por Dios para los planes y propósitos que él tiene para su vida, de lo que fueron escogidos Moisés y José. El Señor no lo creó para luego rascarse la cabeza y decir: «Ahora me pregunto qué puedo hacer con *este* individuo?» ¡No! Cuando Dios lo creó ya tenía en mente un plan y un propósito para su vida. Lo creó para *ser* y *hacer* cosas específicas en ella.

Usted podría objetar: «Pero Moisés tuvo una vida especial. Creció en la casa de Faraón». Lo cierto es que la mayoría de nosotros no quisiéramos cambiar nuestro lugar con Moisés para llevar esa vida tan *especial.*

Moisés nació con una orden de muerte sobre su cabeza. La mayoría de nosotros jamás hemos tenido esa especial experiencia y no quisiéramos tenerla. Los padres de Moisés tenían la orden de Faraón de arrojar a su bebé al río. Y eso fue precisamente lo que su madre hizo cuando el bebé tenía tres meses de edad: lo puso a flotar en el río en una balsa. ¡A Faraón se le olvidó advertir contra poner los bebés en el río en pequeñas canastas impermeabilizadas con brea, y que pudieran flotar!

Moisés pudo haber crecido en la corte de Faraón, sin embargo pasó gran parte de si vida sin conocer a su familia inmediata, ni a sus parientes ni a su pueblo hebreo.

Siendo adulto, Moisés mató a un egipcio que estaba maltratando a los trabajadores hebreos. Vivió con temor los siguientes cuarenta años como un fugitivo de Faraón. Fue a Madián y se casó allí con la hija de un sacerdote. Otra vez fue separado de su familia y de su pueblo. La mayoría de nosotros no quisiéramos una clase de vida tan especial. Fue solo después de cuarenta años de cuidar ovejas que Dios llamó a Moisés en medio de una zarza ardiendo y le reveló el propósito de éxito para su vida.

¿Supo Moisés todo ese tiempo que era hebreo? Sí, creo que lo sabía. ¿Supo todo ese tiempo que Dios iba a usarlo, o cómo lo usaría? No, no hay indicación bíblica de eso. Cuando el Señor le habló desde una zarza ardiendo, comenzó por presentársele, diciendo: «Yo soy el Dios de tu padre, Dios de Abraham, Dios de Isaac, y Dios de Jacob» (Éxodo 3.6). Pero cuando Moisés oyó que Dios quería que regresara a los hijos de Israel y los sacara de Egipto, le dijo: «He aquí que llego yo a los hijos de Israel, y les digo: El Dios de vuestros padres me ha enviado a vosotros. Si ellos me preguntaren: ¿Cuál es su nombre?, ¿qué les responderé? Y respondió Dios a Moisés: YO SOY EL QUE SOY»(Éxodo 3.13-14).

Quizás hasta ese momento de su vida, Moisés no sabía mucho acerca de Dios; no obstante, Dios sí sabía todo acerca de Moisés. Él había guiado toda su vida, de la misma manera que ha estado tras bastidores guiando la vida suya.

El Señor sabía que iba a llegar el momento en que necesitaría un hombre de la familia hebrea de Leví, criado con una intuitiva comprensión de Dios, pero que no hubiera desarrollado el modo de pensar de los esclavos. El Señor sabía que iba a necesitar un hombre entrenado en las costumbres de Egipto, que tuviera acceso a la corte de Faraón, que fuera aceptado y reconocido, que tuviera derecho de hablar allí, pero que no se hubiera «egipcionizado» hasta el punto de destruir su espíritu o su sensibilidad hacia el pueblo hebreo. El Señor sabía que iba a necesitar un hombre que supiera vivir en regiones desérticas y que supiera conducir un rebaño, pero que también tuviera habilidades de liderazgo que pudiera emplear para dirigir al pueblo.

Quizás usted no comprenda por qué Dios le ha dado la clase de experiencias que ha tenido en su vida. Tal vez no vea cómo se relacionan y mucho menos a dónde lo conducen. Posiblemente no tenga la menor idea de cuánto Dios lo ha estado guiando, preparando, preservando, protegiendo o dirigiendo en toda su vida hasta este momento.

Estoy seguro que al recordar su vida, Moisés pudo haber concluido: «Fui un bebé abandonado, un niño adoptado en un hogar extraño, un asesino prófugo de las autoridades al menos la mitad de mi vida, viviendo en el desierto con un pueblo extranjero». Moisés no tenía idea de que su vida transcurría según un plan divino. Pero, ¿qué perspectiva tenía Dios de él? Moisés era un hombre en la posición perfecta para lograr el éxito en el plan escogido por Dios.

¡Lo mismo aplica a usted! Dios tiene un plan para su triunfo que está en proceso de desarrollo.

Confíe en que Dios utiliza sus fracasos

Seguramente calificaríamos como fracasos algunas experiencias de Moisés y José. Lo cierto es que todos tenemos momentos de fracaso. Nadie vive sin incidentes que se puedan catalogar como fracasos o contratiempos. ¿Y qué de las derrotas? Dios tiene una manera de intercalarlas dentro de los modelos de éxito en la vida de cada individuo.

Es posible que usted recuerde situaciones que parecieron fracasos o derrotas, y diga: «Esa experiencia me fortaleció. Me hizo más sabio. Me hizo confiar más en Dios. Me llevó a una nueva posición, un nuevo empleo, un nuevo círculo de amigos, una nueva oportunidad de ministerio o un nuevo ambiente en el cual el Señor pudo hablarme, usarme o desarrollar en mí aspectos que más adelante fueron de gran beneficio para mi vida».

¿Triunfó Moisés? Se considera que pocos personajes bíblicos tuvieron un éxito mayor. Moisés llevó a su pueblo de la esclavitud a la libertad, de ser «nada» a ser «una pueblo» con leyes, costumbres, prácticas religiosas e identidad entre las naciones. Los llevó a tener una relación directa con Dios y les enseñó a confiar en que el Señor les daría su diaria provisión de alimento y agua, y su guía continua por medio de una nube o una columna de fuego. También los llevó a creer en que Dios les tenía en el futuro la tierra prometida.

Además, Moisés dejó un legado de éxito a Josué, quien fue su mano derecha por muchos años. Le enseñó a seguir al Señor y al mismo tiempo a conducir al pueblo. Moisés vivió la definición divina del éxito para su vida y desarrolló un *sucesor*; una persona que seguiría sus huellas triunfantes.

¿Cuál es el modelo de éxito que vemos en Moisés? Quizás esta sea la mejor manera de resumirlo: *sucesos sin visión aparentemente no relacionados*, seguidos de un *llamado de Dios* (en el cual la visión y los acontecimientos se juntan y tienen perfecto sentido), seguidos de *fiel obediencia* y *confianza* en buscar el llamado de Dios.

Un modelo similar en la vida de Pablo

En el Nuevo Testamento, el apóstol Pablo parece ajustarse al modelo de Moisés. Pasó sus primeros años estudiando el Torá y siendo el mejor fariseo y ciudadano romano posible. Entonces llegó su experiencia en el camino a Damasco, en la cual rindió su vida a Cristo. De repente su vida comenzó a tener sentido. Había una razón para conocer muy bien las Escrituras: ver el cumplimiento de ellas en Jesucristo y enseñar el mensaje de Dios en su totalidad. Había una razón en ser romano: viajar sin obstáculos y ser protegido por las leyes romanas que se relacionaban con la libertad de expresión y el derecho a un juicio justo para los ciudadanos romanos.

En el resto de sus días después de su conversión, Pablo siguió al Señor con obediencia fiel y confianza absoluta. Tenía una aguda comprensión de lo que Dios había hecho en su vida y de lo que su vida había sido antes y después de aceptar a Cristo.

Muchos hombres y mujeres cristianos pueden dar fe de este modelo de éxito. Admiten que al principio de sus vidas no pensaban mucho en Jesucristo ni en su plan para el éxito. Simplemente vivían los días como se presentaban. Tomaban este o aquel trabajo, se casaban, tenían hijos, vivían aquí y allá, iban a esta o a aquella iglesia, y se involucraban con los grupos, proyectos y pasatiempos que aparecieran.

Sin embargo, Dios llamó un día la atención de estos seres. Rindieron su vida entera a él y se comprometieron a seguirlo a cualquier sitio que los llevara. Desde ese momento en adelante, el Señor se manifestó en ellos y a través de ellos. Los llamó a hacer tareas específicas de ministración y bendijo su obediencia con milagros específicos y visiones en su Palabra. Les reveló que todo el tiempo había estado con ellos y había obrado a su favor. Así pudieron ver cómo su pasado los había preparado para el futuro que el Señor tenía para ellos. Fue como si él les hubiera descorrido la cortina de su pasado y les mostrara quiénes habían sido todo el tiempo para él. Entonces comenzaron a caminar en la plenitud que Dios planificó para que tuvieran éxito.

¿Es este el modelo que Dios parece estar revelándole, o que ya le ha revelado, con relación a su vida?

El modelo de éxito de la vida de David

En la Biblia hay un tercer modelo de éxito que está muy bien representado por David, el menor de los hijos de Isaí. David tuvo una serie de triunfos visibles y externos, uno tras otro, y aun otro más.

David tuvo éxito en su juventud, pastoreando los rebaños de su padre. Mató un oso y un león mientras protegía las ovejas que se le habían encomendado. Le dijo al rey Saúl:

Tu siervo era pastor de las ovejas de su padre, y cuando venía un león, o un oso, y tomaba algún cordero de la manada, salía yo tras él, lo hería, y lo libraba de su boca; y si se levantaba contra mí, yo le echaba mano de la quijada, y lo hería y lo mataba (1 Samuel 17.34-35).

David se irguió triunfante al visitar a sus hermanos, que eran parte del aterrorizado ejército que recibía las burlonas amenazas de Goliat. Enfrentó a Goliat, el gigante guerrero campeón de los filisteos, y se alzó con la victoria (véase 1 Samuel 17.45-51).

Como líder de los ejércitos de Israel, David tuvo grandes triunfos en las batallas, hasta el punto que el pueblo gritaba: «Saúl mató a sus miles, y David a sus diez miles». (1 Samuel 18.5-7).

Como yerno del rey Saúl y miembro de la corte, David enfrentó un nuevo enemigo: el rey mismo. Y salió triunfante en eludir las lanzas que Saúl le arrojaba por celos. Una y otra vez se las ingenió para evitar que los soldados del rey lo capturaran o lo mataran.

Como rey, David gobernó con éxito en Hebrón por siete años y luego tomó a Jerusalén como su capital, asumiendo el gobierno de las tribus del sur y del norte de Israel. Extendió con éxito y seguridad las fronteras de Israel e hizo todos los preparativos necesarios para reconstruir el templo de Jerusalén.

Como rey destronado debido a un golpe de estado dirigido por su propio hijo, David escapó, reagrupó sus fuerzas y retomó triunfante el trono que Dios le había dado. Tuvo éxito al nombrar a Salomón como su sucesor.

¿Experimentó David momentos de fracaso y derrota? ¿Hubo momentos en que cometió errores o estuvo al borde de equivocaciones? ¡Seguro que sí! Estuvo a punto de cometer un devastador error de juicio en la manera en que planificaba tratar a Nabal. Cometió graves errores en su relación con Betsabé y en el modo en que trató con su esposo Urías. Cometió graves errores como padre en su relación con Amnón y Absalón. Y pagó muy caros sus errores.

No obstante, a lo largo de la vida de David, Dios redimió sus fracasos y los convirtió en ingredientes para su éxito futuro debido a que confesó sus pecados, se arrepintió de ellos e intentó seguir a Dios con un corazón renovado para la obediencia. David nunca dejó de confiar en el Señor, y nunca dejó de reconocerlo como la fuente de su fortaleza, además de ser quien le había dado el trono.

El modelo de éxito de David se podría resumir: *unción* seguida de *éxito tras éxito*, con periódicos fracasos o contratiempos. Cualquier desvío o equivocación a lo largo del camino fue revocado rápidamente, de tal manera que todo su modelo de vida fue un éxito tras otro.

Usted podría pensar: *Pues bien, David y José fueron muy parecidos. Ambos tuvieron dificultades en sus vidas, y las vencieron o las soportaron por su fe y obediencia.*

Eso es cierto. Pero David y José fueron muy diferentes en otros aspectos. José tuvo dos sueños que parecían simbolizar un futuro triunfante. No había manera, sin embargo, de que esos sueños lo llevaran a esta conclusión a los diecisiete años: «Voy a ser el primer ministro de Egipto». Por otra parte, David tuvo un momento específico de unción de parte del profeta Samuel. Sabía que su destino era ser rey del pueblo de Dios. Sabía que era la alternativa ungida del Señor para la máxima posición de liderazgo en su nación.

Antes de convertirse en primer ministro, José pasó la mayor parte de su vida en circunstancias negativas, que de repente se convirtieron en algo muy positivo. David pasó la mayor parte de sus días en circunstancias generalmente positivas que fueron salpicadas por situaciones negativas y a veces graves. Su vida como pastor no fue mala. Gran parte de su vida como soldado, viviendo en la corte del rey Saúl, fue buena. Aun cuando estaba huyendo de Saúl, pasó la mayor parte de esos años con relativa paz y tranquilidad, además de una posición de liderazgo en la cual experimentó provisión adecuada para sí mismo y sus seguidores (aun viviendo por un tiempo bajo la protección de un rey filisteo).

Como rey, la mayor parte de los años de David fueron buenos. Pasó casi toda su vida en libertad, al menos hasta cierto grado. Quizás no podía presentarse ante Saúl, pero podía deambular por las colinas de Judea mientras sentía que Dios lo guiaba. Llegaron las crisis, pero fueron como cortes oscuros en medio de todo un patrón de éxito. Los primeros años de José fueron en su mayor parte de esclavitud o atadura de alguna índole; no tuvo libertad personal.

La vida de Pedro fue parecida a la de David

Pedro es un hombre del Nuevo Testamento que parece haber seguido el modelo de David para el éxito. Cuando Jesús lo conoció era un próspero pescador: tenía un negocio en auge en la costa norte del Mar de Galilea.

Como seguidor de Jesús, Pedro continuó disfrutando el éxito. Perteneció a su círculo íntimo, junto con Santiago y Juan, quienes fueron testigos de la transfiguración de Jesús y fueron los únicos apóstoles presentes en ciertos milagros, como la resurrección de la hija de Jairo. Pedro fue el apóstol a quien Jesús más habló. Fue el único que caminó en el agua, aunque brevemente, y fue quien proclamó: «Tú eres el Cristo, el Hijo del Dios viviente» (Mateo 16.16).

Sí, Pedro tuvo sus fracasos. A veces cometió errores, como por ejemplo: no usar su fe para calmar una tormenta y cortar la oreja del siervo del sumo sacerdote. Jesús lo reprendió por no comprender que sería crucificado. Negó a Jesús tres veces después de que arrestaran al Maestro. Pero esos fueron incidentes de los cuales se arrepintió rápidamente.

Pedro predicó un sermón en el día de Pentecostés, con el cual se añadieron tres mil miembros a la recién establecida Iglesia. Llevó sanidad a un hombre discapacitado en la puerta llamada la Hermosa y levantó a Eneas de su lecho de paralítico y a Dorcas de la muerte. Abrió la puerta a los gentiles para que recibieran a Jesucristo. Defendió los derechos de los cristianos gentiles ante los judíos de Jerusalén. Enseñó principalmente entre los judíos de la iglesia primitiva, estableciéndolos en el «camino» de Jesús.

Pedro caminó de triunfo en triunfo después de que inicialmente Jesús le dijera a él y a sus colegas pescadores: «Venid en pos de mí, y haré que seáis pescadores de hombres» (Marcos 1.17).

Este modelo ilustrado en las vidas de David y Pedro puede encontrarse en muchos hombres y mujeres cristianas, no solo en el pasado sino también en el presente. Se criaron en hogares cristianos y han amado al Señor toda su vida. Su comprensión de Dios y su relación con él crece y madura con el paso de los años. Cuando experimentan fracasos o derrotas se vuelven a Dios y continúan confiando en él, permanecen obedientes al Señor lo mejor que pueden, e intentan aprender de sus fracasos para no repetirlos. Crecen y maduran de manera eficaz, mientras Dios continúa refinándolos y utilizándolos de modo cada vez más grandioso.

Muchos pastores empiezan dirigiendo pequeñas iglesias, luego son llamados a iglesias más grandes, y después a otras más grandes todavía. Muchos hombres de negocios cristianos ven sus vidas en este modelo de David: primero establecieron pequeños negocios, que crecieron y se diversificaron con el tiempo, pasando por períodos difíciles y a veces decisiones dolorosas.

¿Es este el patrón de éxito que el Señor parece estar revelando en su vida?

Un modelo único para cada persona

En estos ejemplos bíblicos de modelos de triunfo debemos reconocer que Dios no trata con ninguno de nosotros exactamente como trata o ha tratado con otra persona. Tal vez quisiéramos ser como David, solo para darnos cuenta de que el Señor ha estado tratando con nosotros como con Moisés o José. Aunque cuando parezca que el Señor nos tiene en uno de estos tres modelos, las circunstancias, los llamados y las situaciones exactas que él permite en nuestras vidas son exclusivas. Usted no debe codiciar el éxito de otra persona. Nunca debe descartar lo que el Señor está haciendo en usted ni echar a un lado lo que desea hacer a través de usted. Tampoco debe tratar de definir su modelo del éxito en una manera contraria al modelo de Dios.

Hacer esto es obstaculizar en gran manera la obra que Dios anhela hacer en usted, y estancar el cumplimiento del plan divino para su éxito.

Su respuesta al plan de Dios para su éxito.

Entonces, ¿cuál debe ser su respuesta para el modelo de éxito que Dios ha diseñado exclusivamente para usted?

Primero, debe ofrecer constante alabanza a Dios. Debe alabarlo continuamente por la obra que está haciendo en su vida. Debe reconocer con alabanza y acción de gracias que el Señor *siempre* ha estado obrando en usted, llevándolo finalmente a la integridad y la perfección de su plan. Pablo escribió: «El mismo Dios de paz os santifique por completo; y todo vuestro ser, espíritu, alma y cuerpo, sea guardado irreprensible para la venida de nuestro Señor Jesucristo. Fiel es el que os llama, el cual también lo hará» (1 Tesalonicenses 5.23.24).

Segundo, debe continuar en la senda que Dios pone ante usted, a pesar de los contratiempos, obstáculos o fracasos. Usted tiene el llamado a soportar aflicciones y perseverar en hacer y decir lo que sabe que es adecuado hacer y decir. Debe persistir en hacer el bien mientras el Señor lo dirige.

Es fácil desilusionarse si no recibe el reconocimiento o las recompensas que cree deben llegarle. Es fácil pensar: *No le importo a nadie, ni siquiera a Dios.* Es fácil quedar con el ánimo por el suelo si otros le rechazan o persiguen. El Señor nunca le prometió que sería fácil seguirlo.

Le prometió que estaría a su lado y que su yugo sobre la vida de usted se ajustaría, se cumpliría y le daría la capacidad de ser productivo para la edificación de su reino. Todo esto solo si usted hace la obra que él pone ante usted.

Tercero, usted debe animar a otros a encontrar y perseguir el llamado específico que Dios tiene en sus vidas. Nadie transita solo el camino cristiano. Usted debe estar en comunión con otros creyentes, ofreciéndoles su fortaleza en los momentos de debilidad o desconsuelo, y recibiendo fortaleza de ellos cuando se sienta débil, cansado o descorazonado. Al animar a otros, su corazón se anima.

Dios tiene un plan de éxito para usted. Él diseñó este plan y lo incluyó en su vida desde el principio. La función de usted no es crear su propio éxito, sino caminar en la senda del éxito que Dios ya le ha establecido.

6

CÓMO BUSCAR LAS METAS DE DIOS PARA SU VIDA

Si trazara una raya frente a usted y le dijera: «Pase sobre esta raya y su vida será mejor a partir de hoy», ¿pasaría al otro lado? Estoy seguro de que hay grandes posibilidades de que lo haría.

Le reto a esto hoy día porque creo firmemente que si lleva a cabo lo que le digo en este capítulo, y comienza a vivir estos principios extraídos de la Palabra de Dios, su vida será mejor y más triunfante, casi de inmediato, según la definición divina de *éxito*.

Cómo hacer las cosas a la manera de Dios

En la década de los setenta, un joven se me acercó en la iglesia que pastoreaba, y dijo: «Voy a tener éxito en mi vida, y he aquí lo que haré». Uno de los principios en los que basaría su supuesto triunfo era el DDO (dinero de otros). Me mostró este principio en un libro que leía. Le dije: «Estás leyendo algo equivocado. En primer lugar, estás definiendo el éxito solo en términos de ganancias económicas. En segundo lugar, estás buscando *usar* a las personas en vez de ganar dignamente el dinero con trabajo honrado. Dios no honrará ni las intenciones de tu corazón ni los métodos que quieres emplear».

En su búsqueda del éxito, usted debe comprometerse a fijar metas divinas para luego cumplirlas a la manera de Dios.

Dios trata en términos de *qué, quién* y *cómo*. La manera en la que alcance sus metas es muy importante para triunfar, no solo en el logro de los objetivos que el Señor le ayuda a fijar sino en el desarrollo del carácter que él desea desarrollar en usted durante el proceso.

Los principios sobre cómo lograr las metas que Dios le ha dado se encuentran en la historia de David y Goliat (1 Samuel 17). Quiero explorar profundamente esta historia con usted.

Comenzaré dándole algunos antecedentes acerca de lo que sucedía en la época de esta confrontación entre el joven David y el gigante de los filisteos. Los ejércitos filisteos acampaban a un lado del valle de Ela y los ejércitos de Israel acampaban al otro lado. Este valle es bastante angosto. De hecho, es tan angosto que una persona puede gritar en un lado y ser escuchada en el otro. Por cuarenta días consecutivos, Goliat se había puesto al frente de su ejército y gritaba a los israelitas: «Hoy yo he desafiado al campamento de Israel; dadme un hombre que pelee conmigo» (v. 10).

Goliat y los filisteos establecieron las reglas para la batalla. Querían que Saúl enviara un soldado contra Goliat. Si el soldado israelita prevalecía en la batalla, entonces los filisteos estaban dispuestos a ser siervos de Saúl, pero si Goliat prevalecía, los israelitas serían siervos de los filisteos. Un gran trato estaba en juego.

Los israelitas echaron una mirada a Goliat y se llenaron de miedo. Pasaron días sin que respondieran al desafío de Goliat.

Ahora, mirando por encima la situación, los israelitas tenían buenos motivos para estar asustados. Goliat era un campeón entre los filisteos. Era como el ganador de una medalla olímpica de oro. Había derrotado a todos los demás filisteos en combates cuerpo a cuerpo. Era el mejor de lo mejor de ellos. Además, estaba también entre los más grandes de sus grandes.

La mayoría de los historiadores afirman que un codo medía sesenta y cinco centímetros (la longitud entre la punta de la nariz y la punta del dedo cordial cuando el brazo está extendido), y que un palmo era de veinticinco centímetros (el largo desde la punta del pulgar hasta la punta del meñique, cuando los dedos están extendidos). Goliat medía seis codos y un palmo de estatura, ¡el equivalente a cuatro metros con quince centímetros! Era un gigante de verdad.

Goliat vestía una armadura de bronce, un casco de bronce, y la punta de su lanza era como el rodillo de un telar, con una barra que pesaba más de veintitrés libras. Su escudero iba delante de él, portando un escudo que cubría a Goliat desde la nuca hasta los pies. La forma de pelea que andaba buscando era de «avance y retirada» de un lado al otro del escudo. El gigante era extraordinariamente habilidoso en esta clase de pelea y en el uso de esta clase de armadura.

Por cuarenta días, los israelitas estuvieron atemorizados y en silencio en su lado del valle, lo cual los desmoralizaba cada día más.

Mientras tanto, Isaí había enviado a sus tres hijos a pelear al lado de Saúl. Cuando no regresaron en un tiempo prudente, Isaí envió a David, el más joven de sus ocho hijos, a que llevara comida al ejército y viera lo que había sucedido en la batalla. David llegó al lugar de la escena, entregó los alimentos al bodeguero, corrió hacia donde estaban los soldados y encontró a sus hermanos. Mientras conversaba con ellos, Goliat salió a proclamar su desafío diario. El joven lo escuchó y observó rápidamente que todos los hombres de Israel estaban aterrorizados ante la vista del gigante.

David estableció al instante una meta que creía de todo corazón que Dios deseaba ver cumplida. Mientras examinamos el resto de la historia, quiero que vea diez aspectos sobre establecer metas que están presentes en el relato. Cada uno se puede aplicar a su vida y es vital para lograr las metas que Dios le ha dado.

1. *Un claro panorama de la meta*

Cualquier meta que establezca debe ser lo suficientemente clara como para expresarla en una forma concisa y significativa. David tenía este tipo de meta: «Matar a Goliat».

Después de oír el reto de Goliat, David preguntó: «¿Qué harán al hombre que venciere a este filisteo, y quitare el oprobio de Israel? Porque, ¿quién es este filisteo incircunciso, para que provoque a los escuadrones del Dios viviente?» (v. 26).

Observe dos puntos respecto a estas preguntas. Primero, David ya se había dado cuenta que era necesario derrotar a Goliat. No preguntó: «¿Es posible vencer a este tipo?» Él creía que se podía hacer y que se debía hacer.

Segundo, David no vio a Goliat simplemente como un soldado campeón en busca de una pelea. Lo vio como un enemigo de Dios. Lo llamó un «filisteo incircunciso» que se atrevía a desafiar a los ejércitos del Dios viviente. David buscaba matar a Goliat, no para obtener fama sino para quitar el oprobio que el gigante estaba trayendo sobre el pueblo de Dios. Su meta estaba firmemente arraigada en el propósito aún mayor que Dios tenía para él.

¿Puede verlo? David ya había sido ungido para ser el próximo rey de Israel. Samuel ya había estado en su casa, había derramado aceite sobre él, y el Espíritu del Señor estaba en su interior. David estaba actuando como el futuro rey de Israel que sería. Sentía compasión por el pueblo de Dios y por establecer la justicia entre los israelitas. Goliat era una amenaza para su pueblo, para los súbditos futuros y para su reino futuro. Su deseo de matar a Goliat no era un acto de violencia o un deseo de derramar sangre; estaba arraigado en el anhelo de ver al pueblo de Dios libre de un enemigo malvado y opresor.

Los soldados israelitas respondieron a David que a la persona que matara a Goliat recibiría la hija del rey como esposa, grandes riquezas y exoneración del pago de tributos. Sin embargo, estos no eran los incentivos que tenía David para enfrentar al gigante. ¡No eran incentivos suficientemente buenos como para que cualquiera de los otros soldados quisiera pelear con Goliat! La motivación de David no era la recompensa que vendría del rey sino la que sabía que vendría del Rey de reyes, el Rey soberano, el todopoderoso Dios.

Su meta inmediata —matar a Goliat— era solo una faceta de una meta a largo plazo mucho más grande: ser algún día un buen rey sobre Israel. Ningún enemigo era digno de estar ante el Dios que David buscaba servir de todo corazón.

¿Son claras y concisas la metas inmediatas que usted tiene?

¿Son aspectos relevantes e importantes para alcanzar sus objetivos a largo plazo y su meta primordial de conocer íntimamente a Cristo, y ser conformado al carácter de él?

¿Son sus metas inmediatas parte de los grandes propósitos que Dios le ha ayudado a establecer?

2. Un anhelo ferviente de alcanzar su meta

Una meta divina digna de buscarse no es algo de lo que puede hablar abiertamente. Es un objetivo que reside profundamente en su interior, y que no logran calmar las circunstancias ni las opiniones de los demás. Una meta divina es una parte de convertirse en la persona que Dios quiere que usted sea. Es simplemente mucho más que hacer algo en el futuro cercano.

David tenía un anhelo ferviente de lograr su meta de matar a Goliat. Tenía la certeza interior de que esa situación no podía continuar un solo día más y mucho menos por cuarenta, sesenta o cien días. Era necesario hacer algo rápidamente. David tenía una pasión y motivación ardiente de hacer la obra *inmediatamente*.

Cualquier meta que en realidad sea de Dios lleva consigo fervor. La persona creerá que es importante lo que hay en juego (si la meta no se cumple, se perderán almas y no se conseguirán cosas importantes en el trascurso del plan de Dios para la humanidad). Las metas divinas tienen una urgencia intrínseca respecto a ellas; una pasión que refleja el corazón apasionado del Señor.

Si Dios parece estar en silencio con relación a su meta, entonces es probable que no sea un objetivo que él le haya ayudado a establecer. Por otra parte, si su mente y su corazón casi no logran contener todo lo que podría pertenecer a su meta —hasta el punto en que podría pensar algunas otras cosas más, y la persecución de su meta es su primer pensamiento al despertar y el último antes de caer dormido en la noche— podría ser muy bien una ferviente meta que Dios ha puesto en su corazón.

Cuando David oyó el desafío de Goliat a los israelitas, todo ser estaba dispuesto para la ocasión. No podía escapar, ni permitir que la situación continuara. Todo en su interior lo empujaba hacia una solución al problema.

Aun cuando sus hermanos mayores intentaron disuadirlo, David replicó: «¿Qué he hecho yo ahora? ¿No es esto mero hablar?» (v. 29). No había forma de disuadirlo.

El grado del compromiso de una persona en alcanzar una meta siempre se evidenciará por urgencia, pasión, entusiasmo, motivación y emoción profundas hacia el logro de tal meta. Por casi dos años planifiqué un viaje a Suiza para tomar fotos. Cuando se acercaba el tiempo de la salida: «¿Acaso me dije a mí o a los demás? —"Bueno, salgo para Suiza. Espero pasarla bien"». ¡No! Anhelaba ir a Suiza. Casi no podía esperar para estar allí. Todo estaba arreglado para tomar las fotografías con las que había soñado durante dos años. ¡Estaba listo para el viaje!

¿Tiene usted una meta hoy día que lo está desafiando profundamente en su espíritu? ¿Hay algo que lo motiva a tal punto de no permitir que ningún obstáculo se oponga en su camino? ¿Está emocionado por cumplir sus metas?

3. Confianza en que alcanzará su objetivo

David no tuvo la más mínima duda de que podía matar a Goliat.

Con sumo valor le dijo al rey Saúl: «No desmaye el corazón de ninguno a causa de él; tu siervo irá y peleará contra este filisteo» (v. 32).

El rey Saúl también intentó disuadir a David, diciendo: «No podrás tú ir contra aquel filisteo, para pelear con él; porque tú eres muchacho, y él un hombre de guerra desde su juventud» (v. 33).

En respuesta al rey, David le habló del león y del oso que había matado, y concluyó: «Este filisteo incircunciso será como uno de ellos, porque ha provocado al ejército del Dios viviente» (v. 36).

David tenía una confianza extraordinaria y asombrosa, pero no confiaba solo en su habilidad. Dijo: «Jehová, que me ha librado de las garras del león y de las garras del oso, Él también me librará de la mano de este filisteo» (v. 37).

La confianza para alcanzar la meta que Dios le da no debe descansar en su habilidad o en su deseo, sino en el Dios que le ha dado tanto el objetivo como el ferviente anhelo de lograrlo por sobre todo. Cuando David bajó corriendo la colina en dirección a Goliat, exclamó:

> Tú vienes a mí con espada, lanza y jabalina; mas yo vengo a ti en el nombre de Jehová de los ejércitos, el Dios de los escuadrones de Israel, a quien tú has provocado. Jehová te entregará hoy en mi mano, y yo te venceré, y te cortaré la cabeza, y daré hoy los cuerpos de los filisteos a las aves del cielo y a las bestias de la tierra; y toda la tierra sabrá que hay Dios en Israel. Y sabrá toda esta congregación que Jehová no salva con espada y con lanza; porque de Jehová es la batalla, y Él os entregará en nuestras manos (1 Samuel 17.45-47).

¡Qué confianza! David se estaba acercando a un hombre que medía más del doble de su tamaño, un reconocido campeón de toda una nación de guerreros, un soldado entrenado que usaba una armadura de bronce de pies a cabeza que estaba parado frente a él con un escudo de cuerpo entero. Y aún así, David dijo: «Daré hoy los cuerpos de los filisteos a las aves del cielo y a las bestias de la tierra; y toda la tierra sabrá que hay Dios en Israel» (v. 46).

La confianza de David se relacionaba directamente a su relación con Dios y a su comprensión de que él le ayudaría a cumplir las metas que había puesto en su corazón. Su confianza al perseguir una meta que Dios le ha dado debe enraizarse en estas mismas cosas: su relación con Dios y su creencia ferviente en que él le ha llamado a triunfar en las metas que ha puesto en su corazón.

Si usted no tiene confianza en que puede alcanzar el objetivo que Dios le ha encomendado, no pondrá toda su energía en el esfuerzo, y se desanimará fácilmente ante el más ligero obstáculo o contratiempo. La confianza en el Señor alimenta la motivación. Esta es la base del valor y la fortaleza.

El apóstol Pablo tuvo esta misma confianza. Escribio a los filipenses: «Todo lo puedo en Cristo que me fortalece» (Filipenses 4.13). Aun cuando escribía desde la celda de una cárcel y estaba encadenado a un soldado romano, Pablo tenía en su interior una inquebrantable confianza de que podía hacer *todo* lo que Cristo le había llamado a hacer.

Demasiadas personas se desilusionan en la búsqueda de las metas que Dios les da. Dicen: «Debo haber escuchado mal a Dios. Seguramente hay alguien más capacitado para este fin. No estoy a la altura del desafío».

Usted debe preguntar: «¿Acaso Dios es capaz de hacer esto?» La respuesta siempre debe ser sí. El Señor es capaz de hacer todas las cosas. Lo cierto es que usted *no puede* hacer nada perdurable por sus propias fuerzas. También es muy cierto que él no le ha pedido hacer cosas de beneficio eterno por su cuenta. Él le ha prometido estar con usted en cada paso del camino, obrar en usted y a través de usted en el cumplimiento de los propósitos de él. ¡*Puede* hacer todo lo que Dios le encomienda porque él obra en usted para que lo haga!

El egoísmo se basa en la propia fuerza. Es tener confianza en las capacidades personales. Y por esa razón, el egoísmo es finalmente una expresión de falsa confianza. La verdadera confianza solo se encuentra cuando confía en Dios y descansa en él para hacer el trabajo.

A través de los años he conocido gran cantidad de personas que creen tener metas dadas por Dios, pero luego dicen: «Espero poder hacerlo». Mi mensaje para ellas es: «Olviden esta clase de "esperanza". No digan: "Espero poder". Digan: "Voy a hacer esto porque Dios lo ha establecido como mi objetivo. Daré todo lo que tengo para conseguirlo, y confío en Dios para lograrlo a su manera, en su tiempo y para su gloria"». No *espere* tener éxito. Tenga la seguridad del triunfo.

4. Un plan de acción

Para cumplir cualquier meta, debe hacerse un plan de acción. Para hacer algo se debe tomar una decisión y se deben poner en acción ciertos pasos para poder realizarla.

La mayoría de objetivos no se pueden lograr en un momento o con solo una acción. La mayoría de metas importantes —muchas a largo plazo y con seguridad las que son prioritarias y de toda una vida, las cuales tienen consecuencias eternas— requieren una secuencia de pasos para su logro.

¿Cuál fue el plan de acción de David? Antes que nada, él sabía que necesitaba la aprobación de Saúl. No podía bajar corriendo la colina hacia Goliat por sus propias fuerzas. Si lo hubiera intentado, probablemente lo habrían atravesado con una lanza por la espalda, dado el miedo de los israelitas. Estos no habrían querido que Goliat pensara que David era el enviado, porque sabían que el castigo por caer derrotado era quedar en servidumbre ante los filisteos de ahí en adelante. No, David necesitaba la aprobación oficial para enfrentarse a Goliat. Primero debía ir donde Saúl y convencerlo de que era capaz de lograr el objetivo. Necesitaba oír del rey: «Ve, y Jehová esté contigo» (v. 37).

Luego, David tenía que tratar con el asunto de la armadura. Saúl le ofreció la suya, pero en el instante en que se la puso se dio cuenta de que no le serviría de nada. El versículo 39 nos dice: «Ciñó David su espada sobre sus vestidos, y probó a andar [...] Y dijo David a Saúl: Yo no puedo andar con esto, porque nunca lo practiqué». Él no podía actuar cubierto con la armadura tradicional.

Entonces, David siguió el método que pensó podría funcionar para él. Bajó por el arroyo con su honda en la mano, recogió cinco piedras lisas y las colocó en su bolsa de pastor. No confió en que nadie más escogiera sus piedras. Sabía por experiencia, cuando se defendía de animales salvajes de los rebaños de su padre, qué piedras volaban por el aire con más rapidez y directo al blanco.

Fue entonces, luego de obtener la aprobación de Saúl para pelear, *a la manera en que él quería hacerlo* y luego de escoger sus propias armas, que David se «acercó» al filisteo Goliat. Goliat vio a David acercándose y soltó la carcajada. Dijo: «¿Soy yo perro, para que vengas a mí con palos?» Luego maldijo al joven y lo amenazó (véase 1 Samuel 17. 43-44).

David no se ofendió en lo más mínimo por la conducta de Goliat. Era como si lo hubiera planeado así. Casi podemos oír su pensamiento: *Dejemos que me subestime por completo. Es preferible que me ridiculice y no que me tome en serio. ¡No sabe que está subestimando al Señor!*

Todas las acciones de David hicieron que Goliat bajara la guardia. Con exceso de confianza y sin estar completamente alerta de lo que ocurría, el filisteo avanzó pesadamente hacia David, lanzando gritos amenazadores con cada paso. Por su parte, David le respondió gritando. Se negó a ser intimidado por su adversario. Desde su perspectiva, ¡el gigante era quien debía estar intimidado! Llegó hasta Goliat corriendo, gritando y al mismo tiempo hurgando en su bolsa. Sacó una piedra, la colocó en su honda y la hizo girar hasta que soltó la piedra en dirección a un pequeño espacio exactamente sobre los ojos de Goliat, el cual no estaba cubierto con bronce. Fue un tiro perfecto.

Una vez que usted ha escrito sus metas en las distintas áreas de su vida, se encuentra solo al principio de alcanzarlas. Ahora debe convertirlas en un plan de acción: una serie de pasos, un plan logístico y una estrategia para hacer el trabajo. Las metas se deben convertir en planes, y los planes se deben poner en práctica. Usted puede tener el objetivo más agradable y desafiante posible, pero si no lo convierte en un plan de acción y no se dedica a implementarlo, su meta permanecerá solo como lo que es: una meta.

Piense en la posibilidad de hacer un viaje misionero con su familia. Usted tiene un firme anhelo de servir al Señor, junto con su familia, en un lugar lleno de necesidades. Tiene una meta clara de lo que desea lograr, un deseo ardiente de hacer ese viaje, y la confianza de poder viajar y realizar con éxito lo que sueña hacer. Pero, ¿qué sigue? Debe convertir esa meta en un plan factible.

Necesita ahorrar dinero para el viaje. Necesita pasar tiempo con su familia hablando sobre el viaje y decidiendo adónde ir y por qué. Necesita ponerse en contacto con una organización que haga los arreglos necesarios para este tipo de viaje, o contactar a un misionero para ver si puede serle útil. Necesita obtener un pasaporte y quizás visas y vacunas si se dirige a ciertas partes del mundo. Necesita separar algún tiempo libre de trabajo y buscar quién se encargue de su casa y tal vez de sus mascotas y jardín. Necesita atender muchos detalles para cumplir su meta de llevar a la familia en un viaje misionero. Necesita un plan de acción.

¿Qué está haciendo hoy día para convertir su meta en una realidad? ¿Tiene un plan, una estrategia y una secuencia de pasos que deba dar?

5. Un calendario de actividades

Debe poner los pasos de su plan de acción en calendario. No es suficiente decir: «Uno de estos días voy a comprar un auto» , o «algún día me dedicaré a remodelar la casa». Cualquier persona que tiene estas metas sabe que «uno de estos días» es «ninguno de estos días» y que «algún día» es a menudo algo ilusorio. Para ser sabio en la compra de un auto nuevo, usted tendrá que visitar un distribuidor de vehículos para ver cuánto cuesta el automóvil de su elección y qué planes de pago hay disponibles. Deberá hacer un plan de ahorros con el fin de tener suficiente dinero para comprar el auto o al menos para dar una buena cuota inicial.

Muchas personas en nuestra nación no tienen testamentos cuando mueren. Tienen la intención de encargarse de este asunto, y la han tenido durante años. Por innumerables razones, nunca llega el momento de hacerlo. Un testamento legal no ocurre porque sí. Es necesario contactar y reunirse con un abogado.

Es asombroso lo que ocurre cuando pone una fecha al lado de una meta. Las cosas comienzan a moverse. Su mente consciente e inconsciente se pone en acción. Mueve la meta de la etapa de «idea» a la de «realidad».

Si un equipo de trabajo tiene solo treinta días para completar un proyecto, las cosas comienzan a caminar rápidamente. Si el jefe solo dice «tan pronto como sea posible» o «cuando llegue el momento», no sucede prácticamente nada.

Debemos estar plenamente conscientes de que, en esta tierra, solo tenemos una vida para servir al Señor. Lo que vamos a lograr, hemos de conseguirlo *ahora*. No podemos reclamar el tiempo que perdimos ayer o el que desperdiciamos la semana pasada. Hoy es el día de poner manos a la obra.

David tenía un programa *inmediato* para enfrentar a Goliat. No dijo: «Bueno, ahora que tengo la aprobación de Saúl para pelear, me sentaré a esperar un rato». ¡No! Inmediatamente se puso en acción. No le dio a nadie, ni siquiera a sus hermanos, una oportunidad para hablar de la batalla. Ni siquiera les dio tiempo para enviar un mensaje a su padre Isaí. Tampoco se puso a hacer suposiciones ni intentó analizar en exceso lo que profundamente sabía que era necesario hacer, y que se debía hacer *ahora*. No esperó la noche para que nadie se enterara si fallaba. ¡Se puso en acción!

6. *Cooperación de otros*

En apariencia, la historia de David contra Goliat parece un espectáculo de un solo hombre. Sin embargo, este no es precisamente el caso. La intención final de David no solo era matar al gigante sino destruir todo el ejército filisteo que se había levantado contra los israelitas. La destrucción de todo el ejército era su meta secundaria, la cual estableció cuando dijo: «Daré hoy los cuerpos de los filisteos a las aves del cielo y a las bestias de la tierra» (1 Samuel 17.46). David no podía encargarse solo de todo el ejército. Y al final, ese día solo se encargó de Goliat. Después de que su piedra se incrustara en la frente del filisteo, y que este se fuera de bruces contra el suelo, David corrió hacia él, sacó la espada de la funda del gigante y le cortó la cabeza. Tanto los filisteos como los israelitas supieron entonces que Goliat había muerto.

Los filisteos huyeron. Los hombres de Israel y Judá se levantaron gritando y los persiguieron hasta la entrada del valle y las puertas de Ecrón, hiriendo y matando a muchos, y saqueando del campamento el botín abandonado. El ejército israelita puso en fuga al de los filisteos, después de que David matara a su campeón.

David ya había hecho saber a los israelitas que debían estar listos para pelear contra los filisteos. Dijo a sus hermanos: «¿No es esta una causa?» Además, la Biblia dice: «Apartándose de él [su hermano] hacia otros, preguntó de igual manera» (v. 30) a todos los que lo oían. Lo que llamó la atención de Saúl sobre David fue la insistente y repetida pregunta de este: «¿No hay un motivo para pelear contra este gigante Goliat?» David ya estaba incitando a las tropas para la batalla que se venía encima. Tenía plena confianza en que mataría a Goliat y necesitaba que el ejército estuviera listo para acometer contra el resto del ejército filisteo después de haber hecho su parte.

Ninguna meta que Dios da a alguien surge aislada. El Señor trata con su pueblo. Quizás señale a un hombre o una mujer para dirigir una labor particular o para ser quien motive una causa o proyecto particular; pero en definitiva, Dios desea que muchas personas se involucren en los objetivos que él nos da. Espera que cooperemos como Iglesia y aprendamos a amarnos unos a otros en el proceso de funcionar como la familia de Dios.

¿Cómo espera el Señor que usted involucre a otros en las metas que él le ha ayudado a fijar? ¿Qué pasos está dando para incluir e inspirar a otros y para compartir el gozo de perseguir su meta con otros?

Antes mencioné que no creo conveniente que publique con lujo de detalles las metas a largo plazo que Dios le da. Sin embargo, en cierto punto, es muy sabio que cuente a otros un paso inmediato o a corto plazo hacia el logro de una meta. No necesita explicar en detalle todo el objetivo ni mostrar todos los pasos que faltan para cumplirlo.

La mayoría de las personas no pueden comprometerse a apoyar a alguien con más de una meta o desafío inmediato. Además, la meta debe ser una que los convenza de que es alcanzable y de que pueden hacer una contribución importante de tiempo, energía, recursos, oración o alguna otra forma de ayuda. Pida ayuda para cortos períodos de tiempo y para tareas específicas, perfectamente medibles y posibles.

Por supuesto que un individuo puede hacer algunas cosas por su cuenta, pero estas metas casi nunca son muy importantes. Cuando pienso en todos programas y oportunidades para el ministerio relacionados con una iglesia grande, estoy muy consciente de que estos no suceden por los esfuerzos de una sola persona. Un coro, un grupo de alabanza, un departamento de teatro, un programa de escuela dominical, un programa de misiones, programas televisivos y radiales, la producción de publicaciones, un picnic o una cena anual de la iglesia, un ministerio de correspondencia activa, un departamento de jóvenes entusiasta, un ministerio activo de solteros, un pequeño grupo de estudio bíblico, y hasta un culto en la iglesia, involucran muchas personas y la mayoría trabaja detrás del escenario.

Lo mismo se aplica a los proyectos importantes que enfrenta como familia, comunidad u organización social o de servicio.

La buena noticia es que si el Señor realmente ha colocado la meta en su corazón, él ya está preparando los corazones de otros para que le ayuden a alcanzar la meta. Hasta cierto punto, ha impartido la misma meta o anhelo en sus corazones. La mayoría de personas están dispuestas a ayudar a alguien más a cumplir una meta, si se les muestra la importancia de esta para el plan y los propósitos de Dios. En la mayoría de los casos, los demás no se emocionan demasiado con *todas* sus metas. Se emocionan más con *las metas de ellos*. Decidirán ayudarle solamente cuando ven que las metas de ellos están sincronizadas con las de usted.

Cuando usted establece objetivos familiares, debe compartirlos con su cónyuge y estar en total acuerdo acerca de los aspectos que involucran a toda su familia. También es importante compartir ciertas metas a sus hijos, a la edad más temprana que considere apropiado que ellos tengan la información. Las metas familiares requieren la cooperación familiar.

Cuando todos en una familia o en una organización están informados e involucrados en la consecución de una meta, se produce un mayor impulso de energía y entusiasmo hacia su cumplimiento. Cuando el fruto de la meta se vuelve una realidad, todo el grupo tiene la oportunidad de regocijarse. Alcanzar metas a corto plazo es motivador e incrementa la fe, promoviendo la búsqueda de metas a largo plazo.

7. Perseverancia en la búsqueda de metas

Una vez que haya puesto sus ojos en una meta, no se salga del camino. Si realmente cree que Dios le ha ayudado a fijarla, no permita que nadie lo disuada, entretenga u obstaculice mientras la persigue.

Quizás haya ocasiones en que otros le puedan ayudar a clarificar su meta, o le puedan brindar un sabio consejo acerca de cómo alcanzarla de manera más eficaz y eficiente. Analice todo consejo con mucho cuidado y, por sobre todo, pida a Dios que le confirme si debe o no seguir el consejo. Recuerde siempre que el rey Saúl ofreció a David su armadura, la más excelente en todo el ejército, pero que no era la adecuada para David. Las ideas de otros tal vez no sean las mismas que Dios quiere que usted siga. En otros casos, Dios podría usar a una persona para darle la idea, la solución o la respuesta precisa que él sabe que usted necesita.

Mientras intenta alcanzar sus metas, debe mantener la mirada en sus objetivos a largo plazo, aun cuando sus energías estén puestas en lograr las metas inmediatas o las de corto plazo conectadas con estos. *Perseverancia hasta que la meta se haya alcanzado* totalmente. Continuar es vital. David no derribó a Goliat con una piedra de su honda y luego saltó con salvaje entusiasmo porque el gigante cayó. Por el contrario, siguió adelante y se aseguró de que el filisteo estuviera muerto. Y en caso de que alguien descartara o menospreciara la importancia de lo que ese día había hecho por Israel, David llevó la cabeza de Goliat hasta Jerusalén como prueba de que Dios había liberado a su pueblo de su enemigo.

Perseverancia todo el tiempo. Usted alcanza sus metas más rápidamente si todo el tiempo persevera en su logro.

Cuando se trata de objetivos familiares, uno de los más grandes atributos que puede mostrar a sus hijos es una perseverancia constante. Sus hijos no necesitan oír solo alguna vez que Dios y usted los aman. Necesitan escuchar ese mensaje todos los días de sus vidas. Necesitan ser arropados en la cama cada noche con el mensaje: «Dios te ama y yo también».

Sus hijos no necesitan oír historias bíblicas de vez en cuando, o asistir a la iglesia solo una vez al año o a la escuela dominical una vez al mes. Necesitan oír historias bíblicas una y otra vez, asistir a la iglesia cada semana y estar involucrados en la escuela dominical todas las semanas. Necesitan que usted les lea historias bíblicas y necesitan que otros les cuenten historias bíblicas. Mientras más escuchen la verdad bíblica y oigan más voces que confirman la misma verdad, más llegarán a creer lo que dice la Biblia.

Usted debe explicar a su hijo *cómo* recibir a Jesús como Salvador. Debe orar diariamente con él, para que aprenda a comunicarse con Dios. Semana tras semana debe decirle que Dios tiene una plan para la vida de él. Ayúdele a descubrir los propósitos del Señor para su vida. Anímelo a pensar en los planes que Dios podría tener para su futuro. Haga esto vez tras vez, tras vez. Capacitar a un hijo significa inspirar, reforzar y repetir los principios y las conductas que quiere que él adquiera.

Perseverancia y compromiso. La perseverancia con la que persiga las metas que Dios le ha dado se relaciona directamente con su compromiso de obedecerle y de hacer lo que él le está dirigiendo a hacer. ¿Cuán importante es que hoy día alcance las metas que Dios ha puesto en su corazón y que ha implantado en su espíritu? ¿Cuán comprometido está usted en hacer lo que el Señor ha dicho? Si está comprometido solo a medias, no será muy constante. Si está profundamente comprometido y ansioso por obedecer a Dios y de alcanzar las metas que él le ha llevado a fijarse, entonces tendrá perseverancia.

Cuando despierto cada mañana, predomina en mí un pensamiento: *¿Qué puedo hacer hoy, que me permita al menos parcialmente o hasta cierto punto, ir hacia la consecución de mi meta de presentar el evangelio a toda nación sobre la faz de esta tierra, de manera tan rápida, sencilla, clara, e irresistible como me sea posible, por el poder del Santo Espíritu y para la gloria de Dios?* Esta pregunta siempre está allí cuando hago mi agenda diaria y tomo decisiones sobre el uso de mi tiempo, recursos y energía en un día específico. Y el resultado es que tengo perseverancia en lo que hago o no hago. Obviamente, algunas cosas se vuelven poco importantes o innecesarias y otras se tornan vitales y urgentes.

Si algo no es digno de su concentración ni perseverancia, probablemente tampoco sea digno de llamarse una meta que provenga de Dios.

8. Controle sus emociones

Mientras intenta alcanzar una meta dada por Dios, tendrá muchas oportunidades frustrarse y quizás hasta de enojarse. No permita que esas emociones lo dominen. Mantenga sus emociones bajo control mientras va tras su meta. Las emociones negativas no solo pueden disuadirlo de tomar las acciones necesarias o desviarlo de una tarea o proyecto sino que también pueden socavar su energía y ponerlo en un estado de cansancio, desánimo y hasta de depresión.

David tuvo varias oportunidades para frustrarse o enojarse cuando ese día fue al campo de batalla. Se pudo haber involucrado en una tremenda discusión con sus hermanos o con los demás soldados. Pudo haberse ido a casa frustrado y con sensaciones de rechazo. Se pudo haber disgustado cuando el rey Saúl le dijo: «No podrás ir tú contra aquel filisteo» (1 Samuel 17.33). Sin embargo, David ahorró toda su energía emocional para la batalla.

Al ir tras una meta dada por Dios, deberá tomar la decisión de que ahorrará su energía emocional para los momentos, decisiones y acciones que en realidad sean importantes para alcanzarla. Hay muchas cosas que se pueden, y se deben, pasar por alto y no sacar de proporción. Hay muchísimas pequeñas diferencias y discusiones insignificantes que se deben evitar. Hay muchísimos caprichos de personalidad y asuntos personales sin importancia que deben hacerse a un lado. Manténgase enfocado en lo que es realmente importante para Dios.

Algunas personas permiten que la crítica y el rechazo las afecten. Se dejan llevar por lo que alguien dice, por la mirada de otra persona o porque alguien levanta los hombros. Quienes permiten que esas acciones los disuadan de sus propósitos de vida dados por Dios, se preocupan más de la aceptación de los hombres, que de la aceptación y el amor de Dios.

Determine en su interior mantener su enfoque en el amor, el llamado, la ayuda, la aprobación y las recompensas divinas. El Señor no lo desilusionará, no le fallará, rechazará ni criticará lo que haga con un corazón amoroso y con el deseo de obedecer.

Seguro que no estoy abogando porque usted pase por alto asuntos de pecado, maldad o rebelión contra Dios. Esas cosas se deben cortar de raíz apenas aparezcan. Sin embargo, debe hacer caso omiso a momentos y diferencias individuales cuando se han dicho cosas imprudentes. Estos asuntos no deben sacarse de proporción. Como dijera alguien: «Algunas insignificancias deberían mantenerse solo como insignificancias».

Supere el miedo. ¿Alguna vez se ha detenido a pensar que probablemente David estaba muy asustado cuando salió corriendo hacia Goliat? Creo que hasta cierto punto tenía miedo. Sabía que enfrentaba una lucha de vida o muerte. Solo un hombre saldría vivo del valle: Goliat o él. Y aunque creía con todo su corazón, mente y alma que iba a salir victorioso porque el Señor estaba con él, David estaba muy consciente de la importancia de la batalla. No estaba en negación. No se enfrentaba al gigante de manera ciega o egoísta. Sabía muy bien lo que estaba en juego. Además, no tenía duda alguna de que era una situación amedrantadora.

No obstante, sabemos por su conducta que David no permitió que el miedo lo paralizara. Utilizó las emociones asociadas con el miedo para alimentar la llama de su fe de manera más brillante.

Usted y yo tenemos el reto de hacer lo mismo. A veces podríamos estar temerosos al ir tras una meta. El desafío que enfrentamos es gobernar nuestro miedo en vez de permitir que este no gobierne a nosotros. No debemos permitir que el temor nos detenga o nos corte el · impulso. Debemos expresar fe a nuestros corazones, de modo que cuando alguna vez sintamos miedo, podamos sentir una fe cien veces más poderosa que se agita dentro de nosotros.

Un músico o un actor le dirá que no importa las veces que haya actuado en el escenario, aun siente nervios antes de una representación. El profesional utiliza esa agitación interior, o energía interna, para que su actuación sea aun más poderosa. Estamos llamados a hacer lo mismo. Debemos gobernar nuestro temor, controlarlo, y convertirlo en una afirmación y acto de fe.

Aliente a otros y a sí mismo. Una de las cosas más importantes y provechosas que puede hacer cuando va tras una meta que Dios le ha dado es animarse a menudo, aun cuando alienta a quienes le ayudan o trabajan muy cerca de usted. Todos respondemos al ánimo y al elogio más que a las críticas. Muéstreme un niño que no haya oído más que «no puedes», «no debes», «nunca podrás», «eres un fracaso», y le mostraré un niño desanimado y que eventualmente no tendrá ningún deseo de enfrentar un desafío, tomar un riesgo o intentar cumplir una meta.

Por otra parte, muéstreme un niño que frecuentemente oye: «Creo en ti», «puedes hacerlo», «lo lograrás», «no renuncies...vas muy bien», «¡vamos!», y le mostraré un niño con una elevada autoestima, una mayor probabilidad de confiar en Dios en cada área de su vida, y gran entusiasmo para asumir un nuevo reto o fijarse una nueva meta.

Sea de los que alienta. No sea un derrotista.

Vigile lo que se dice a usted mismo. No se ponga apodos. No sea demasiado duro con usted en cada equivocación que comete o en los fracasos que experimenta. Exprésese palabras positivas y de ánimo. El Señor desea esto para usted. Él no viene ante usted una y otra vez con críticas. Él quiere que aprenda de sus errores, se levante, se perdone al mismo tiempo que busca ser perdonado, y que camine hacia adelante en fortaleza, valor y confianza.

9. *Valor para actuar*

Es obvio que David poseía un valor extraordinario. Sin embargo, no lo adquirió el día que enfrentó a Goliat. Lo desarrolló durante varios años y a través de una gran variedad de circunstancias.

El joven se llenó de valor para enfrentar un león y un oso cuando protegía los rebaños de su padre. Se llenó de valor para plantarse firme ante sus hermanos y para reunirse con el rey de los israelitas.

Muy pocos de nosotros nos encontramos en situaciones que requieran valor inmediato y extraordinario. Sin embargo, la mayoría tenemos abundantes oportunidades de desarrollar ese valor con el tiempo, defendiendo lo que es justo, planteando nuestro caso y actuando justamente todas las veces, de todas maneras y en cualquier circunstancia.

Pida hoy al Señor que le dé cada día valor para enfrentar las labores que pone ante usted. Pídale que le dé valor para cumplir las metas inmediatas y a corto plazo que ha establecido.

Una de las mejores maneras que conozco de adquirir valor es leer la Palabra de Dios y ver cómo Dios ha ayudado a otros en medio de sus dificultades, sufrimientos y problemas. Luego póngase de rodillas y pídale que le dé la dirección, la guía y el valor que necesita.

Usted también se beneficiará si se asocia con personas que alienten. Decida desarrollar amistades y relaciones de trabajo con individuos realistas acerca de la vida, y sin embargo positivos cuando se trata de vencer obstáculos. Manténgase al lado de quienes son enérgicos y entusiastas acerca de la vida y que no tienen miedo de arriesgarse ni tratar con problemas difíciles.

Enfrenté una enorme lucha cuando me convertí en el pastor principal de la Primera Iglesia Bautista de Atlanta. Parecía que todos los días encontraba oposición de una parte de la iglesia que quería que me fuera a otro lugar. Por momentos, la presión interna era muy fuerte.

Desde «afuera», recibía cartas de otras iglesias que me pedían que considerara ser su pastor principal. Algunas de las solicitudes tenían un tono de urgencia y representaban cierta cantidad de presión externa. Mantuve un montón de esas cartas sobre mi escritorio, sin duda pensando subconscientemente en tenerlas a la mano por si acaso.

Al mismo tiempo, tenía la absoluta confianza y seguridad de Dios de que él me había llamado a ser el pastor principal de la Primera Iglesia Bautista en Atlanta. Tenía una motivación interior, sabía que Dios estaba conmigo en mi obra en Atlanta y que él había puesto esta meta delante de mí para ser el pastor de esta particular congregación.

Todos los días iba al salón de oración de la iglesia y sentía la absoluta seguridad de estar caminando en el centro perfecto de la voluntad de

Dios para mi vida. Sin embargo, cuando más tarde salía del salón de oración, *izas!*, encontraba un desafío a mi fe y confianza.

Estaba en Carolina del Sur predicando en un avivamiento. Un colega pastor, mucho mayor que yo, me pasó un librito y me dijo: «Charles, quiero que leas este libro». Tomé sus palabras como un serio consejo paternal.

Cuando regresé a Atlanta comencé a leer el libro y no podía soltarlo. Una idea particular en él ardía en mi mente: «Cuando un hombre está dispuesto a quemar cada puente detrás de él, a cortar toda vía de escape y a continuar hacia su meta, no puede perder». Leí y releí esta afirmación. Fui entonces a mi escritorio, recogí todas las cartas en que me ofrecían otras posiciones y las tiré a la basura. Me hice el nuevo compromiso de decidir que no me apartaría del plan de Dios para mi vida y para la Primera Iglesia Bautista de Atlanta, a menos que él me apartara. He sido el pastor principal de esta iglesia por casi treinta años.

Esas cartas en que me ofrecían otras posiciones habían creado en mí una mentalidad dividida. Me habían hecho pensar: *¿Y si...?* Habían provisto una distracción. Cuando hice a un lado todas esas ofertas y me dediqué a cumplir el desafío que Dios me había puesto delante, no solo sentí una nueva resolución sino también un nuevo valor. Llegué al punto en que *decidí hacer lo que debía hacer.* Y amigo(a), de eso se trata el valor. Es decidir con su voluntad que continuará y llevará a cabo lo que debe hacer, para estar en completa obediencia a las metas de Dios en su vida.

Hay ocasiones en que debemos quemar los puentes hacia nuestro pasado y cortar las cuerdas que nos atan a las cosas en que hemos puesto nuestra seguridad. También hay ocasiones en que debemos lanzarnos en la fidelidad de Dios. Se necesita valor para hacerlo.

10. *Una dependencia consciente en Dios*

Cuando lee 1 Samuel 17 como un todo, descubre que David se refiere una y otra vez a Dios. Al rey Saúl le dijo: «Jehová me ha librado de las garras del león y de las garras del oso». A Goliat le dijo: «Vengo a ti en el nombre de Jehová de los ejércitos. Jehová te entregará en mis manos. Sabrá toda esta congregación que Jehová no salva con espada y con lanza. De Jehová es la batalla. Jehová os entregará en nuestras manos». David tenía una dependencia de Dios consciente y claramente expresada.

El Señor anhela que usted dependa de él. Usted no es una carga cuando le dice: «Mi dependencia total y absoluta está en ti». Dios desea que usted tenga una actitud de total y completa dependencia en él. No solo debe tener una actitud de dependencia en el Señor sino que su conversación y las declaraciones que hace a otros deben reflejar esta dependencia. No puede lograr nada de valor eterno por sus propias fuerzas. A través de lo que dice, debe recordarse a usted mismo y a los demás que las cosas de valor eterno exigen que confíe en que Dios cumpla los propósitos *de él*, en su vida como en la de otros.

7

¿Y QUÉ DEL DINERO?

Un engaño difundido en nuestra nación hoy día es que el éxito equivale a riqueza. Lo cierto es que usted tiene éxito si llega a ser la persona que Dios anhela que sea y logra las metas que él establece para su vida.

La riqueza prácticamente no tiene nada que ver con que se convierta en el individuo que Dios anhela que sea. Además, el solo hecho de obtener riquezas no es un objetivo que él fija para la vida de alguien. En las Escrituras no encontrará ningún consejo de Dios para buscar y luchar por las riquezas materiales.

¿Significa esto que una persona rica no tiene éxito a los ojos de Dios?

¿Significa esto que Dios no bendice a una persona con riquezas materiales o con buenas posesiones?

No.

Significa que la riqueza no es el indicador por el cual debemos determinar el éxito en alguien. Dios tiene muy diferentes normas y medios para medir el triunfo.

En el 1923 se reunieron en un hotel de Chicago seis de los hombres más ricos de Estados Unidos. Habían sido excesivamente adinerados por años y a menudo los medios de comunicación los consideraban modelos que los niños debían seguir.

¿Quiénes eran estos seis hombres? Los nombraré y le diré lo que les sucedió. Y luego usted decida si tuvieron éxito verdadero en sus vidas:

1. Charles Schwab, presidente de la más grande siderúrgica independiente de la época. Los últimos cinco años de su vida los vivió de dinero prestado y murió sin un centavo.

2. Richard Whitney, presidente de la Bolsa de Valores de Nueva York. Terminó su vida en la prisión de Sing-Sing.

3. Albert Fall, miembro del gabinete del presidente. Fue indultado de la cárcel al final de su vida para que pudiera ir a morir en casa.

4. Jesse Livermore, el hombre más influyente en Wall Street. Se suicidó.

5. Ivan Krueger, director del monopolio más grande del mundo en ese tiempo. También se suicidó.

6. Leon Frasier, presidente del Bank of International Settlement. También se suicidó.

La suma de los recursos de estos seis hombres eran mayores en ese tiempo que los fondos de todo el fisco de los Estados Unidos.

¿Ricos? Sí. Tuvieron más riquezas de lo que la mayoría de nosotros podríamos imaginar. Pero, ¿tuvieron éxito? No.

Dios no se impresiona con la riqueza monetaria. Se impresiona con nuestra obediencia, fe y confianza en que él nos guíe en todos los asuntos.

Considere a la madre cristiana que cría a sus tres hijos de la mejor manera que conoce: trabajando en el turno de nueve a cinco para lograr el sustento de toda la familia debido a que su esposo la abandonó. Le lee historias bíblicas a sus hijos todas las noches y se pone de rodillas junto a sus camas para orar con ellos. Prefiere llevarlos al parque los sábados, y a la iglesia los domingos, que trabajar tiempo adicional o en un segundo turno.

¿Llegará esta mujer a ser rica? Probablemente no. ¿Será bendecida a los ojos del Señor? No tengo la más mínima duda. Tendrá el gozo y la satisfacción de Dios en su corazón, sabiendo que ha sido la mejor madre que pudo ser. Tendrá la recompensa de ver a sus hijos crecer en el servicio a Dios y honrándola todos los días de sus vidas. Tendrá la bendición eterna de vivir para siempre con sus hijos en el cielo. ¿Rica? Pues sí, más allá de cualquier medida. Pero no en términos de dólares y centavos terrenales.

Considere al hombre que pasa ochenta horas a la semana en la encumbrada oficina de su corporación, con solo tiempo libre una vez a la semana para jugar golf con sus socios comerciales. Casi nunca ve a su esposa ni a sus hijos y rara vez asiste a los partidos de su hijo o a los recitales de su hija. Va a la iglesia solo en Navidad o en Pascua, y solo porque nadie más está trabajando y los mercados financieros están cerrados.

¿Se volverá rico este hombre? Hay grandes posibilidades de que así sea. ¿Será bendecido ante los ojos de Dios? Lo dudo mucho, pues ha dejado a Dios fuera de su vida y está en el proceso de perder el respeto de sus hijos. Tal vez muera como un hombre rico, pero es probable que antes mate a miles. En estas muertes se encuentran las relaciones con su esposa y sus hijos, su salud, su gozo, su paz, su sensación de plenitud en la vida y sus amistades.

Qué dice la Biblia acerca del dinero

¿Sabía usted que hay más versículos bíblicos dedicados a las finanzas y al dinero, y al uso apropiado de estos, que versículos acerca del cielo? Dios sabía que el dinero era un asunto práctico que exigiría nuestra atención diaria. El dinero es una parte vital de nuestras vidas. Trabajamos y esperamos que nos paguen por nuestro trabajo. Tenemos cuentas por pagar y cosas que debemos comprar con dinero para sobrevivir.

No vivimos en una sociedad de trueques sino en una sociedad de pague-al-contado-y-lleve o de pague-a-crédito-y-lleve. En su mayor parte, la Biblia se refiere al dinero como un medio de cambio. Su intención es que se le utilice con propósitos buenos y justos. Es una bendición que Dios nos da para que seamos mayordomos de una parte de la provisión abundante del Señor. En muchos casos es una herramienta que usa para probar nuestra confianza y fidelidad. La Biblia recomienda de principio a fin que trabajemos diligente y honradamente, y que seamos generosos y justos en nuestro manejo del dinero. El apóstol Pablo enseñó:

Os rogamos, hermanos, que abundéis en ello más y más; y que procuréis tener tranquilidad y ocuparos en vuestros negocios, y trabajar con vuestras manos de la manera que os hemos mandado, a fin de que os conduzcáis honradamente para con los de afuera, y no tengáis necesidad de nada (1 Tesalonicenses 4.10-12).

El Señor espera que trabajemos para que *no* tengamos necesidades económicas o materiales. Él desea que «abundemos más y más», pero que lo hagamos de una manera integral: espíritu, mente, cuerpo, economía y relaciones, todo ello en un sano equilibrio.

Pablo escribió a Timoteo un mensaje similar: «Si alguno no provee para los suyos, y mayormente para los de su casa, ha negado la fe, y es peor que un incrédulo» (1 Timoteo 5.8). Dios espera que trabajemos, que paguemos nuestras cuentas y que nos responsabilicemos de nosotros y de nuestras familias. Esto no significa que debamos dar a nuestros hijos todo lo que quieran o todo lo que no tuvimos de niños. Significa que debemos satisfacer las necesidades básicas de los miembros de nuestra familia: alimento, vivienda, vestimenta, transporte adecuado y necesidades médicas.

El logro de las metas dadas por Dios casi siempre involucran desembolso de dinero o el uso de recursos materiales que el Señor nos ha confiado. Muy pocos objetivos que él nos lleva a fijar para nuestras vidas se pueden lograr sin dinero. Él espera que tengamos dinero y que lo usemos, pero también espera que tengamos la actitud adecuada hacia este y que lo usemos de manera sabia, de acuerdo con los principios de su Palabra.

Hay en la Biblia dos principios absolutos con relación al dinero y las riquezas materiales:

Primero, Dios es la fuente de todas las bendiciones. Toda riqueza proviene del Señor. Siempre que usted vea lo que tiene en términos de bienes y propiedades financieras, debería decir rápidamente: «Gracias a Dios. Él es quien me ha dado esto».

Segundo, no hay un propietario eterno de nada material. Ni siquiera serán suyas para siempre las cosas por las que cree haber pagado. Todas las posesiones pasan de moda, se descomponen o están sujetas a daños, uso excesivo o destrucción por medio de elementos naturales. Todas las posesiones están sujetas a perderse por el robo, la mala administración (quizás incluso la mala administración de otras personas), o el descuido. Todo lo que tiene en sus manos es un préstamo de Dios. Por consiguiente, lo que importa es que use las posesiones de Dios para los propósitos de él.

Qué Jesús enseñó acerca del dinero

Muchos cristianos creen saber lo que Jesús enseñó acerca del dinero, y la mayoría concluye que estuvo a favor de la pobreza y que tenía muy poco que decir acerca de la riqueza. Demos una mirada más de cerca a lo que él y sus apóstoles enseñaron realmente sobre el dinero.

Primero, Jesús enseñó que la búsqueda de riqueza no debe ser nuestra prioridad principal. El Señor nos advirtió de modo muy solemne acerca del amor al dinero y su búsqueda. Él hizo estas preguntas: «¿Qué aprovechará al hombre, si ganare todo el mundo, y perdiere su alma? ¿O qué recompensa dará el hombre por su alma?» (Mateo 16.26). ¿Enseñó Jesús que era pecado el que una persona fuera rica? No. ¿Dijo que todos los ricos son impíos? No. Más bien, Jesús enseñó que no debemos buscar el dinero como lo más importante. Este nunca debe sustituir la búsqueda del reino de Dios y su justicia.

Jesús también enseñó que quienes hacen de las riquezas su propósito primordial en la vida, se les hará muy difícil obtener recompensas celestiales. Dijo a sus discípulos: «De cierto os digo, que difícilmente entrará un rico en el reino de los cielos. Otra vez os digo, que es más fácil pasar un camello por el ojo de una aguja, que entrar un rico en el reino de Dios» (Mateo 19.23-24).

En las ciudades amuralladas de la época de Jesús, generalmente se cerraban las puertas principales al anochecer. Estas eran anchas y altas, y por ellas pasaban fácilmente carretas y caravanas de camellos en un flujo constante de ida y vuelta. Edificada como parte de la puerta principal de la ciudad había otra puerta pequeña, solo un poco más grande que el tamaño de la entrada de una casa. Una persona podía entrar a la ciudad después de oscurecer atravesando esta puerta, la cual era fácil de vigilar y proteger. Debido a que era una entrada dentro de una puerta, a menudo se le llamaba «ojo de aguja».

¿Podría un camello pasar por una puerta tan pequeña? Solo con dificultad. Para hacer pasar un camello por una puerta ojo-de-aguja, su conductor tenía que quitar toda la carga que llevaba. Entonces el camello debía ponerse de rodillas y pasar por la entrada poco a poco, casi arrastrándose. Se empleaba mucho esfuerzo en descargar una caravana de camellos y no menos paciencia pasarla por la pequeña abertura.

Jesús estaba enseñando que para ganar recompensas celestiales, un hombre rico debía hacer un mayor esfuerzo, descargándose a sí mismo de su preocupación por las riquezas y humillándose para confiar su seguridad a Dios, en vez de confiar en su dinero.

Nunca base su seguridad en cuánto dinero tiene en el banco o en los fondos mutuos. Ponga su seguridad solo en el Señor. Él es el único que *nunca* lo deja o lo abandona; además, es totalmente confiable en cualquier crisis.

Jesús en realidad no estaba preocupado de cuánto dinero podía tener o no tener una persona. Más bien, le interesaba mucho la actitud hacia el dinero.

Segundo, Jesús enseñó que nos equivocamos en gran manera cuando acumulamos nuestras riquezas y no damos con generosidad.

Un día un hombre se acercó a Jesús y le dijo: «Maestro, di a mi hermano que parta conmigo la herencia» (Lucas 12.13). Jesús respondió: «Hombre, ¿quién me ha puesto sobre vosotros como juez o partidor?» (v. 14).

Y luego Jesús dijo a la multitud: «Mirad y guardaos de toda avaricia; porque la vida del hombre no consiste en la abundancia de los bienes que posee» (v. 15).

A continuación Jesús narró esta parábola a las personas que estaban congregadas a su alrededor:

La heredad de un hombre rico había producido mucho. Y él pensaba dentro de sí, diciendo: ¿Qué haré, porque no tengo dónde guardar mis frutos? Y dijo: Esto haré: derribaré mis graneros, y los edificaré mayores, y allí guardaré todos mis frutos y mis bienes; y diré a mi alma: Alma, muchos bienes tienes guardados para muchos años; repósate, come, bebe, regocíjate. Pero Dios le dijo: Necio, esta noche vienen a pedirte tu alma; y lo que has provisto, ¿de quién será? Así es el que hace para sí tesoro, y no es rico para con Dios (vv. 16-21).

Observe que el hombre dijo: «No tengo dónde guardar *mis* frutos». Veía todas sus posesiones en términos de *sus* frutos, *sus* bienes, *sus* graneros más grandes y *su* tranquilidad. No reconocía a Dios, el que le había permitido prosperar.

En esta parábola Jesús llamó necio al hombre, no porque tuviera riquezas sino porque tenía la actitud errónea hacia el dinero. Estaba acumulando sus riquezas y no era generoso hacia las cosas del Señor. En este mismo estilo de enseñanza, Jesús dijo:

No os hagáis tesoros en la tierra, donde la polilla y el orín corrompen, y donde ladrones minan y hurtan; sino haceos tesoros en el cielo, donde ni la polilla ni el orín corrompen, y donde ladrones no minan ni hurtan. Porque donde esté vuestro tesoro, allí estará también vuestro corazón (Mateo 6.19-21).

Aun cuando algo haya pertenecido a su familia por años, no le pertenecerá para siempre... a menos que sea algo de naturaleza espiritual. Al final, todo lo que es de naturaleza material pertenece al Señor y él lo distribuye a los seres humanos para que se produzcan sus propósitos, tanto en las vidas individuales como en la humanidad como un todo.

De todo lo que hacemos solo perdurará lo que se asocia con el provecho, el propósito o la cualidad de Dios. Estas son las únicas cosas que estarán relacionadas con nuestro galardón en el cielo.

Tercero, Jesús enseñó que quienes dan generosamente al Señor, recibirán generosamente. Él dijo: «Dad, y se os dará; medida buena, apretada, remecida y rebosando darán en vuestro regazo; porque con la misma medida con que medís, os volverán a medir» (Lucas 6.38).

¿Qué es «eso» que se nos dará cuando damos? Podría ser amor, tiempo, provisión material, amistad, ideas, oportunidad. Cuando damos —no solo dinero sino tiempo, energía, esfuerzo, creatividad, oración—, recibimos. Dios nos da a cambio precisamente lo que más necesitamos, y nos lo da de tal manera que sobreabunde. El Señor desea que demos, de tal modo que pueda usar lo que damos, multiplicarlo, y devolvérnoslo en artículos que nos harán completos.

J.L. Kraft, el fundador de Alimentos Kraft, conocía la realidad de esta verdad de dar-y-recibir de la Palabra de Dios. Dijo en una ocasión: «Las únicas inversiones que he hecho, que me han pagado constantemente dividendos cada vez mayores, son aquellas que he dado para la obra del Señor».

Dios siempre nos devuelve de modo sobreabundante. Algo que me fastidia es abrir una caja de cereal y descubrir que contiene un tercio de aire y dos tercios de cereal. Estoy esperando el día en que una empresa de cereales haga que el tamaño de sus cajas corresponda a las onzas que dice contener; de tal manera que al comprar una caja de mi cereal favorito, la encuentre repleta y asegurada por fuera porque está rebosando de cereal.

El Señor dice claramente que si queremos una bendición generosa, tenemos que dar de manera generosa. Si medimos con cuchara lo que damos, recibiremos una provisión del tamaño de una cuchara. Si medimos con pala lo que damos, ¡recibiremos en grandes cantidades!

Un antiguo proverbio manifiesta sencillamente: «Si continúas haciendo lo que haces, seguirás obteniendo lo que obtienes». Esto es especialmente cierto cuando se trata de asuntos monetarios. Si no le gusta lo que está obteniendo, si no le gusta el rendimiento de sus inversiones, si no le gustan los resultados de sus gastos, si no le gusta la pobreza en la cual se encuentra, si no le gusta el vacío que siente a pesar de sus riquezas, *¡entonces cambie lo que está haciendo!* Evalúe lo que hace con su dinero y cómo está utilizando su tiempo.

Cuando Jesús enseñaba acerca de una generosa recompensa para quienes dan generosamente, estaba repitiendo las palabras de Malaquías, quien clarificó muy bien las expectativas de Dios cuando se trata de dar. El profeta declaró:

¿Robará el hombre a Dios? Pues vosotros me habéis robado. Y dijisteis: ¿En qué te hemos robado? En vuestros diezmos y ofrendas. Malditos sois con maldición, porque vosotros, la nación toda, me habéis robado. Traed todos los diezmos al alfolí y haya alimento en mi casa; y probadme ahora en esto, dice Jehová de los ejércitos, si no os abriré las ventanas de los cielos, y derramaré sobre vosotros bendición hasta que sobreabunde. Reprenderé también por vosotros al devorador, y no os destruirá el fruto de la tierra, ni vuestra vid en el campo será estéril, dice Jehová de los ejércitos. Y todas las naciones os dirán bienaventurados; porque seréis tierra deseable, dice Jehová de los ejércitos (Malaquías 3.8-12).

¿Le está robando a Dios? ¿Está desobedeciendo en dar al Señor? ¿Podría ser esa la razón por la que esté luchando con sus finanzas? ¿Será por eso que su vida está marcada por la escasez, la mezquindad y los continuos problemas económicos, además de los fracasos en inversiones y proyectos?

El Señor dice que los fieles en dar para la obra de Dios recibirán una abundante bendición de ideas, oportunidades, energía, salud, visión espiritual, sabiduría, gozo, entusiasmo, metas y también verdadero éxito divino.

Quienes desobedecen a Dios al no dar, encuentran que sus viñas no producen fruto y el devorador roba su cosecha.

Usted puede invertir la tendencia obedeciendo los mandamientos del Señor. Él le da recompensas, o se las retira, de acuerdo a su obediencia y al modo en que maneja el dinero y se relaciona con él.

El dinero puede ser peligroso en las manos de quienes no están comprometidos con Jesucristo, y no obedecen sus mandamientos. El dinero puede ser una bendición en manos de los que aman al Señor y buscan obedecerle en todo.

Cuarto, Jesús enseñó que debemos ser mayordomos fieles de todo lo que tenemos, sin importar lo poco o mucho que tengamos. He aquí su enseñanza:

El que es fiel en lo muy poco, también en lo más es fiel; y el que en lo muy poco es injusto, también en lo más es injusto. Pues si en las riquezas injustas no fuisteis fieles, ¿quién os confiará lo verdadero? Y si en lo ajeno no fuisteis fieles, ¿quién os dará lo que es vuestro? (Lucas 16.10-12).

Cuando las personas escuchan un sermón acerca de los diezmos o las ofrendas, muy a menudo responden: «Bueno, diezmaré cuando tenga más dinero». Lo triste es que no lo harán. El individuo que es fiel diezmando de uno, dos, cinco o cien dólares, será fiel diezmando cuando gane mucho más.

John D. Rockefeller dijo una vez: «Nunca habría podido diezmar de mi primer millón de dólares si no hubiera aprendido a diezmar de mi primer salario, el cual fue de $1.50 a la semana». John D. Rockefeller tenía una actitud bondadosa hacia el dinero. Quizás fue el filántropo más generoso que Estados Unidos ha visto. Y además se convirtió en uno de los hombres más ricos que jamás haya vivido en América.

La riqueza material no está limitada al dinero, a las acciones o a los bonos de inversión. La casa o apartamento donde vive es un tipo de riqueza material. El auto que maneja y los objetos que posee son formas de riqueza material. Si cuida bien los artículos que el Señor ya le ha dado, él le confiará riquezas mayores, las cuales incluyen riquezas internas como liderazgo espiritual, mayordomía del dinero de Dios y de las propiedades asociadas con la iglesia, y la enseñanza de jóvenes creyentes en Jesucristo. Si no muestra respeto por la propiedad del dueño de su vivienda o por los artículos que le han prestado, ¿cómo se puede esperar que muestre respeto hacia las personas que el Señor le envía para que les anime, ministre, enseñe o les dé un sabio consejo?

La mayoría de nosotros hemos vivido, o viviremos, en una vivienda alquilada al menos una vez en nuestras vidas. Y la mayoría de las personas que pagan renta aspiran a tener casa propia. La manera en que trata la propiedad que alquila se relacionará directamente con el modo en que finalmente tratará su propia casa. Dios espera que sea un fiel mayordomo de todo lo que él le ha dado, aunque pertenezca a otra persona.

La manera en que trata el auto de su empresa, su oficina en el trabajo, y la maquinaria que opera cuando desempeña sus labores, debería ser la misma en que trataría esos artículos si fueran suyos. ¿Quiere que realmente las bendiciones de Dios se derramen en su vida? Entonces sea un fiel mayordomo de todo lo que él le permite usar.

Quinto, Jesús enseñó que nuestra mayordomía está directamente relacionada con lo que adoramos o a lo que servimos. Él enseñó: «Ningún siervo puede servir a dos señores; porque o aborrecerá al uno y amará al otro, o estimará al uno y menospreciará al otro. No podéis servir a Dios y a las riquezas» (Lucas 16.13). Lo que ocupa el centro de su pensamiento o el corazón de sus deseos es lo que usted adora, lo que sirve, lo que más admira y respeta, lo que más añora. Las personas cuya máxima prioridad es la utilidad económica, dan al dinero el lugar que le pertenece a Dios. Son culpables de idolatría.

El codicioso —el individuo que no se satisface con las bendiciones económicas que ha recibido— desea más las bendiciones del dinero, que al Dador de toda bendición. Nunca puede satisfacerse y en verdad no está agradecido por lo que Dios le ha dado. En vez de alabar al Señor por lo que ha recibido, el codicioso pone siempre la mirada en lo que no tiene y en lo que aún desea tener. La codicia no se relaciona con la riqueza; la gente pobre pueden ser tan codiciosa como la rica.

Un hombre habló conmigo después de un sermón que prediqué acerca de la riqueza espiritual y la riqueza material, y me dijo riendo: «Dr. Stanley, ¡no tengo tanto dinero como para tener una actitud de codicia hacia él!»

Lo cierto es que algunas personas que tienen muy poco, se preocupan por el dinero. Alguien puede ser sumamente pobre y sin embargo ser codicioso y egoísta, y tener un espíritu de lucha por obtener dinero.

Al otro extremo del espectro, un individuo puede poseer gran cantidad de dinero y ser codicioso, egoísta y tener un espíritu de lucha por mayores utilidades.

Igualmente cierto es que algunas personas dan de corazón y muestran una actitud piadosa hacia el dinero. Algunas de ellas son pobres y otras son ricas.

Una de las mejores maneras de evaluar a quién o qué servimos (a Dios o las riquezas) es analizar los gastos en nuestra chequera. Su chequera es un testamento vivo de su fe, su obediencia y su confianza en Dios. El reflejo de sus prioridades está en dónde, y cuánto, usted da o gasta. Si los asuntos espirituales son una prioridad en su vida, también serán una prioridad en el momento de dar.

Hágase esta pregunta: ¿En qué área de mi vida estoy creciendo más?

Si la respuesta es un área distinta a su vida espiritual, debe revisar con detenimiento y seriedad sus prioridades y los objetivos que cree que Dios le ha dado.

Si su enfoque primordial está en la tasa de interés de hoy en vez de estar en lo que el Espíritu Santo le susurra a su corazón, ¡es necesario que reevalúe sus intereses!

Su vida no tiene el equilibrio que el Señor desea, si su cartera de acciones o sus fondos mutuos crecen más rápido que su comprensión de la Palabra de Dios y que su alcance a otros en el nombre de Jesucristo.

Siempre enfóquese en su crecimiento en el Señor. El dinero podría ser una bendición que él deposita en usted. Sin embargo, no debe ser su meta en la vida ni el anhelo más profundo de su corazón.

Cinco precauciones acerca del dinero

Cinco importantes precauciones de la Palabra de Dios se relacionan con el uso del dinero y con la actitud hacia él.

1. Examine su manera de pensar

Debe cuidar su mente con diligencia contra la obsesión de conseguir y gastar dinero. Jesús dijo: «Guardaos de toda avaricia» (Lucas 12.15). Ese versículo también se traduce: «¡Tengan cuidado! Absténganse de toda avaricia» (NVI).

La obsesión por el dinero se puede manifestar de numerosas maneras. Puede ser una preocupación constante acerca de lo que pasó en el último minuto en el mercado de valores; también puede ser una manía por comprar todos los artículos de moda en los almacenes del centro comercial. Examine su conversación. ¿Sobre qué habla más? ¿Del dinero y las preocupaciones económicas? Revise toda su vida. ¿Es el dinero o la adquisición de bienes materiales uno de los últimos asuntos en que piensa en la noche antes de dormir y uno de los primeros en que piensa tan pronto despierta?

2. Examine su actitud

Debe guardar su corazón contra el amor al dinero. Pablo escribió a Timoteo: «Raíz de todos los males es el amor al dinero, el cual codiciando algunos, se extraviaron de la fe, y fueron traspasados de muchos dolores» (1 Timoteo 6.10). El apóstol no se oponía al dinero ni al uso adecuado de este. Se opuso al amor por el dinero; es decir, las ansias de posesiones materiales hasta el punto de la codicia.

Pablo advirtió a Timoteo que huyera de tal amor al dinero: «Los que quieren enriquecerse caen en tentación y lazo, y en muchas codicias necias y dañosas, que hunden a los hombres en destrucción y perdición» (1 Timoteo 6.9). La recomendación de Pablo a su hijo espiritual fue que buscara justicia, piedad, fe, amor, paciencia y mansedumbre en vez de riquezas. Ese también es un sabio consejo para usted.

3. Examine sus gastos

Debe vigilar lo que hace con su dinero. Este se puede usar para hacer mucho bien. Pero también se puede usar para financiar «codicias dañosas», como las describe Pablo. El dinero puede financiar toda clase de adicciones perjudiciales.

¿Qué compra usted con su dinero?

¿Arriesga en el juego el dinero que Dios pone en sus manos?

¿Es descuidado y frívolo en sus hábitos de gastar dinero?

¿Compra artículos de mala calidad o que pasan de moda?

¿Gasta más de la cuenta, volviéndose usted y su familia esclavos de las deudas?

¿Invierte en empresas cuyos productos se oponen a los principios de la Palabra de Dios?

¿Compra productos que promocionan o que destruyen la salud?

¿Es generoso con los demás?

¿Diezma?

¿Es generoso al apoyar la obra de Dios con ofrendas, además del diezmo?

Lo que hace con su dinero siempre está en correlación directa a las tentaciones del diablo o a los mandamientos de Dios. O usted sirve al Señor con su dinero, o cede a las tentaciones del diablo en las cosas que compra.

A veces me hacen esta pregunta: «¿Cómo puedo saber cuándo estoy en el límite de la cantidad de dinero y posesiones materiales que debo tener?

Mi respuesta se divide en dos:

Primero, cuando llega en su vida a un lugar donde la obsesión por el dinero es superior a su obsesión por Dios, su relación con él empieza a enfriarse y su preocupación por gastar y disfrutar las posesiones materiales se enardece, entonces debe reevaluar su vida y poner sus prioridades en orden.

No hace mucho tiempo una mujer me dijo que se había liberado de recortar cupones. No sabía de qué hablaba. Me explicó que pasaba más de ocho horas semanales leyendo periódicos y revistas, y recortando cupones. De esta manera lograba ahorrar cerca de cien dólares al mes en sus víveres y en otros artículos. Me dijo: «Comprendí que estaba gastando treinta y cinco horas al mes recortando cupones para ahorrar cien dólares. De repente me di cuenta que tendría más dinero si trabajaba cinco horas de tiempo adicional al mes!»

Sin embargo, la mayor admisión que hizo esta mujer fue: «Estaba gastando más tiempo recortando cupones que orando o leyendo la Biblia. Ahora las cosas están equilibradas. Trabajo una hora de tiempo adicional por semana y paso al menos una hora diaria leyendo la Palabra de Dios y tratando asuntos con él».

Segundo, cuando sus posesiones se vuelven una carga o un obstáculo para involucrarse en oportunidades ministeriales que el Señor pone ante usted, es el momento de reevaluar sus posesiones materiales.

Escuché sobre un hombre que usó la excusa de que debía cortar el pasto para no involucrarse en un proyecto ministerial que se realizaría los sábados. Pregunté: «¿Cuánto tiempo necesita para cortar su pasto?» La persona que me estaba contando la historia, dijo: «El hombre tiene seis acres de pasto que cortar, e incluso con un tractor en el que se monta, la labor le lleva cinco horas». ¿Cinco horas semanales cortando el pasto? ¿Cortando el pasto en vez de estar ministrando? Este hombre debe reajustar sus prioridades.

¿Cuánto dinero puede el Señor confiarle? Creo firmemente que Dios nos permite prosperar económicamente hasta el punto en que pueda confiar en nosotros para usar sabiamente la riqueza y para fines divinos.

4. Siempre dé gracias

Siempre debe recordar darle gracias al Señor por sus bendiciones materiales y económicas. Moisés dio a los israelitas una severa advertencia relacionada con este tema. Anticipó el día en que podrían experimentar un gran incremento en sus finanzas, y les dio este mensaje de parte del Señor:

Comerás y te saciarás, y bendecirás a Jehová tu Dios por la buena tierra que te habrá dado. Cuídate de no olvidarte de Jehová tu Dios, para cumplir sus mandamientos, sus decretos y sus estatutos que yo te ordeno hoy; no suceda que comas y te sacies, y edifiques buenas casas en que habites, y tus vacas y tus ovejas se aumenten, y la plata y el oro se te multipliquen, y todo lo que tuvieres se aumente; y se enorgullezca tu corazón, y te olvides de Jehová tu Dios, que te sacó de tierra de Egipto, de casa de servidumbre; que te hizo caminar por un desierto grande y espantoso, lleno de serpientes ardientes, y de escorpiones, y de sed, donde no había agua, y Él te sacó agua de la roca del pedernal; que te sustentó con maná en el desierto, comida que tus padres no habían conocido, afligiéndote y probándote, para a la postre hacerte bien; y digas en tu corazón: Mi poder y la fuerza de mi mano me han traído esta riqueza. Sino acuérdate de Jehová tu Dios, porque Él te da el poder para hacer las riquezas, a fin de confirmar su pacto que juró a tus padres, como en este día (Deuteronomio 8.10-18).

¿Cuántas veces ha oído el comentario: «Ese hombre se hizo solo» o «se labró su propio destino»? Esa clase de pensamiento, en especial cuando se trata de riquezas económicas, es exactamente lo opuesto a los principios de Dios. La Biblia nos dice con claridad que el Señor nos da el poder de conseguir riquezas. Él es quien nos da ideas creativas, energía, oportunidades, salud y fuerzas. Además, él es quien nos relaciona con nuestros socios en el trabajo y en la produccción de dinero.

No deje que nada se vuelva más interesante para usted que Dios. No permita que nadie se lleve el crédito por su ganancia financiera, incluyéndose usted mismo. ¡A Dios sea la alabanza y las gracias!

5. *Mantenga las prioridades adecuadas*
Debe cuidarse de la tendencia de hacer que su trabajo y el ganar di-

nero sean más importantes que su búsqueda de una relación con Dios y el estudio de su Palabra.

Una de las parábolas más famosas de Jesús se relaciona con el trabajo y el uso de los recursos. Esta es la enseñanza que conocemos como la parábola del sembrador. El Señor dijo que un sembrador fue a sembrar; algunas de las semillas cayeron al lado del camino y las aves las devoraron. Otras semillas cayeron en tierra dura y brotaron, pero murieron rápidamente porque sus raíces no eran profundas. Otras cayeron entre espinos, y estos las ahogaron, por tanto no dieron cosecha. Otras semillas cayeron en buena tierra y dieron una abundante cosecha.

Al explicar esta parábola a sus discípulos, Jesús dijo esto de las semillas que cayeron entre espinos:

> Estos son los que fueron sembrados entre espinos: los que oyen la palabra, pero los afanes de este siglo, y el engaño de las riquezas, y las codicias de otras cosas, entran y ahogan la palabra, y se hace infructuosa (Marcos 4.18-19).

Mientras más gane y más adquiera, más necesita adentrarse en la Palabra de Dios, buscando dirección, sabiduría y guía respecto a cómo *usar* el dinero que el Señor le está dando. En mis años de ministerio he visto muchas personas que prosperan en los negocios y adquieren pequeñas fortunas. Por desgracia, algunas de ellas no tienen idea de cómo manejar grandes cantidades de dinero. No saben cómo hacer inversiones sabias, cómo dar a ministerios eficaces para la extensión del evangelio, o cómo lograr un equilibrio entre gastar y ahorrar. Muchos de ellos pierden las fortunas que han adquirido.

Otros que se volvieron cada vez más ricos sabían cómo manejar su dinero, pero perdieron la visión de los propósitos divinos de dar dinero. En vez de usarlo para apoyar la obra del Señor y hacer el bien, usan el dinero para sus placeres egoístas, como comprar una casa en el lago y un bote. Después pensaron que debían visitar estas posesiones cada fin de semana, lo que les impidió asistir a la iglesia. Sintieron que había algunas cosas que sencillamente debían tener, muchas de ellas vinculadas con su anhelo de prestigio y posición social entre sus nuevos y adinerados amigos. Al final quizás estas personas no perdieron sus fortunas pero perdieron la visión de lo que realmente importa en la vida. Perdieron la paz mental, su gozo en el Señor y su sensación interior de logro y satisfacción. Ya sea que usted tenga poco o mucho, ¡permanezca en la Palabra de Dios! Con oídos espirituales ampliamente abiertos, escuche lo que Dios le dice acerca de la administración adecuada de las bendiciones materiales que él le envía. Busque consejeros cristianos que le ayuden a invertir su dinero de manera sabia. No olvide que nada le gustará más al diablo que usted gaste su dinero en los propósitos *de él*, en vez gastarlo en los propósitos de Dios.

8

OBSTÁCULOS PARA SU ÉXITO

ॐ

¿Por qué algunas personas fracasan en alcanzar las metas que Dios les da y otros siempre parecen tener éxito en la vida? A menudo se sugiere una amplia variedad de excusas y justificaciones. Hay quienes creen que no triunfan por tener antecedentes familiares difíciles. Otros dicen que no tuvieron suficiente entrenamiento, ayuda o estímulo para lograr el éxito. Aun hay quienes citan una falta de educación formal. Unos cuantos señalan una incapacidad física o mental.

Estas razones no son el verdadero porqué para que las personas fallen en cumplir las metas que Dios ha fijado para sus vidas. Las verdaderas causas de su fracaso están *dentro* de ellas.

Haga a un lado toda carga

Dios tiene un plan y un anhelo para toda persona. Pone ante cada uno de nosotros una dirección, una serie de metas y un propósito de vida. Nadie debe andar penosamente por la vida preguntándose: *¿Por qué es-*

toy aquí? ¿hacia dónde voy? ¡La Palabra de Dios clarifica muy bien por qué estamos aquí y hacia dónde vamos!

Estamos aquí para conocer a Jesucristo como nuestro Salvador y para servirle como nuestro Señor, en cualquier sitio que nos dirija. Estamos destinados a conformarnos al carácter de Cristo y a un hogar eterno con nuestro Padre celestial. Todos los demás propósitos para la vida caen bajo este propósito amplio y general que Dios tiene para todos sus hijos.

Entonces, ¿por qué a veces luchamos por mantenernos a flote y no logramos triunfar en el propósito individual específico al que Dios nos ha llamado? Hebreos 12.1-2 nos da una comprensión del porqué:

> Nosotros también, teniendo en derredor nuestro tan grande nube de testigos, despojémonos de todo peso y del pecado que nos asedia, y corramos con paciencia la carrera que tenemos por delante, puestos los ojos en Jesús, el autor y consumador de la fe, el cual por el gozo puesto delante de Él sufrió la cruz, menospreciando el oprobio, y se sentó a la diestra del trono de Dios.

La buena noticia en este pasaje es que usted está rodeado por huestes de personas que le alientan, unos vivos y otros que ya se fueron a estar con el Señor. Una innumerable cantidad de santos de Dios ha llevado vidas triunfantes en Cristo Jesús. Ellos pueden, y deben, inspirarlo a usted. También existen los que están vivos, confían en Dios y siguen los propósitos de él para sus vidas. Es sabio que busque ser alentado por ellos y ser como ellos.

Le insto a leer biografías de grandes mujeres y hombres cristianos, tanto los de la historia como los que aún viven. Lea sus vidas y vea cómo Dios los ha transformado, los ha conformado a Cristo y ha obrado por medio de ellos para cumplir sus propósitos. Anímese estudiando sus vidas, siempre con la perspectiva: Lo que Dios hizo por otros, ¡puede *hacer*, y lo hará, por mí!

El Señor mismo debe ser nuestro principal alentador. Nos dice en Hebreos 13.5: «No te desampararé ni te dejaré». Él siempre está presente para ayudarnos, enseñarnos, guiarnos, consolarnos y darnos poder. Él es quien dice constantemente en lo profundo de nuestros corazones: «Tú eres mi hijo amado. Te ayudaré a triunfar». Decida escuchar lo que el Señor le dice. Decida ser estimulado por la presencia de él en su vida.

La grave noticia sobre este pasaje en Hebreos es que usted fácilmente podría estar sobrecargado al ir tras las metas que Dios le ha dado.

¿Ha tratado de correr con un paquete de cincuenta libras amarrado a la espalda? ¿Ha intentado correr con los tobillos atados? Este es el cuadro que el escritor de Hebreos pinta para describir los obstáculos que pueden impedir que corra de manera triunfante.

Dos aspectos específicos se citan como perjudiciales en su búsqueda del éxito: *cargas* (cosas que le molestan, que pesan mucho en su mente, que le preocupan, frustran y desaniman) y *pecados* (cosas que lo enredan y le hacen desperdiciar las bendiciones y oportunidades de Dios). Usted debe deshacerse de ambas cosas. Nadie más puede extirparlas de su vida. *Usted* debe hacerse cargo y apartar todo lo que le impide alcanzar sus metas divinas. Debe escoger correr con entereza la carrera que el Señor pone ante usted.

La Biblia describe siete obstáculos específicos para el éxito. Todos debemos tratar con ellos, sin importar cuáles puedan ser nuestras circunstancias o posiciones en la vida. Amas de casa, presidentes de corporaciones, plomeros, abogados, médicos, conserjes, predicadores, vendedores, carpinteros y maestros necesitan tratar con ellos. Dios nos ayudará a lidiar con estos obstáculos, pero no los removerá de nuestras vidas a menos que haya una decisión activa de la voluntad para actuar contra eso que nos frena y nos presiona hacia abajo.

1. El obstáculo del miedo

El primer y quizás más convincente obstáculo para triunfar es el miedo. Se trata de la inquietante sensación de que somos inadecuados. Es una alarma que suena cuando nos sentimos repentinamente amenazados o incapaces.

Como mencioné antes en este libro, el miedo es un factor importante que impide a las personas fijar metas en primer lugar. El miedo hace que fracasen, cuando de otra manera tendrían éxito. También las aleja del cumplimiento de sus metas.

No me estoy refiriendo a los temores naturales y normales, tales como el miedo a caer o al que un niño debe tener al caminar en medio del tráfico en una autopista. Hablo del miedo paralizante y controlador que es en realidad un espíritu de temor. Pablo escribió a Timoteo: «No nos ha dado Dios espíritu de cobardía, sino de poder, de amor y de dominio propio» (2 Timoteo 1.7).

Le daré un ejemplo de cómo funciona esta clase de miedo. A un hombre le ofrecen un nuevo cargo en una empresa o emprende un nuevo desafío profesional. Cree firmemente que el deseo del Señor es que se dedique a esto. Está emocionado por el reto y cree que este nuevo esfuerzo es una meta que Dios le ha dado para su vida. Empieza su novedosa tarea con confianza y entusiasmo.

Y luego el hombre se da cuenta que no conoce todo lo necesario para triunfar en este nuevo empleo o papel. Surge ante él una enorme montaña de incógnitas, que algunos podrían denominar una curva de aprendizaje. Tiene más preguntas que respuestas. De repente todo el proyecto o vocación parece insuperable y abrumador.

Mientras el individuo más lucha por no saber qué hacer en cada paso, más siente las críticas de los demás. Toma muy a pecho cada comentario que escucha y sufre por eso. Siente que es un completo fracaso y que nunca tendrá éxito en esta nueva posición.

El miedo se acomoda. El sujeto se pone a la defensiva y busca excusas para su fracaso. Duda de sus capacidades y cuestiona toda decisión.

Dice una y otra vez: «No tengo lo necesario. No puedo hacerlo. Temo tomar cualquier otro riesgo. No sé qué camino seguir». Y mientras más tiempo pase sin revisar esta tendencia de pensamiento, más entra en estado de pánico, hasta que llega el día en que quiere desaparecerse.

En la huida, el individuo hace una de dos cosas. Primero, podría presentar cierta clase de parálisis y negarse a continuar, aislándose de otros y disociándose emocionalmente. En ese estado se desanima y se deprime con rapidez. Segundo, podría intentar escapar renunciando al nuevo trabajo y tal vez hasta mudándose de ciudad. En cualquiera de los casos, gana el miedo, y no consigue las metas de Dios para su vida.

Cuando el miedo le ataque, hágale frente. Pregúntese: ¿a qué le temo realmente? Analice la naturaleza de sus temores. ¿Teme que el fracaso le enfrente a las críticas? ¿Teme que el fracaso produzca el rechazo de alguien que ama o admira? ¿Teme que se evidencien sus debilidades e incapacidades? ¿Le asusta que otros lo hagan a un lado o que quizás lo castiguen?

Admita los temores ante usted y ante Dios. Y a veces, sería sabio también admitir los errores ante los demás. Cuando enfrenta y admite sus temores, da un paso importante para vencerlos.

Luego trate de inmediato con el asunto de su fe. Fe es lo opuesto al temor. Es la solución al miedo. Haga cosas que edifiquen su fe.

El primer y mejor movimiento que puede hacer para reforzar su fe es quitar la mirada, tanto de su problema como de usted mismo, y ponerla en Jesús. Él es la fuente de toda provisión. Él es completamente confiable y tiene todo conocimiento y toda autoridad. Exprese en voz alta las palabras de Hebreos 13.6, hasta que penetren profundamente en su espíritu:

El Señor es mi ayudador; no temeré lo que me pueda hacer el hombre.

Los demás pueden criticarlo, rechazarlo, ridiculizarlo y perseguirlo, pero no pueden quitarle su salvación, su relación con Jesucristo, su hogar eterno en el cielo o el gozo, la satisfacción y la fortaleza interior que el Señor le transmite. Con Cristo, usted tiene todo lo que realmente importa en la vida.

Segundo, pida a Dios que le dé la ayuda que necesita. Una cosa es decir: «El Señor es mi ayudador», y otra es decir: «Señor, ayúdame hoy», o «Señor, ayúdame ahora mismo en esta situación». Quizás necesita la solución a un problema, un amigo, un buen mentor o maestro, un sabio consejo, o energía y fuerzas extras. Sea específico en sus peticiones al Señor.

Tercero, anímese memorizando la Palabra de Dios y citándola tan pronto necesite una descarga de fortaleza interior. Aprópiese de lo que dice Isaías 41.10-13:

No temas, porque yo estoy contigo; no desmayes, porque yo soy tu Dios que te esfuerzo; siempre te ayudaré, siempre te sustentaré con la diestra de mi justicia. He aquí que todos los que se enojan contra ti serán avergonzados y confundidos; serán como nada y perecerán los que contienden contigo. Buscarás a los que tienen contienda contigo, y no los hallarás; serán como nada, y como cosa que no es, aquellos que te hacen la guerra. Porque yo Jehová soy tu Dios, quien te sostiene de tu mano derecha, y te dice: No temas, yo te ayudo.

Hay cuatro promesas grabadas en este pasaje:

1. El Señor promete darnos *su* presencia.
2. El Señor promete darnos *su* poder, el cual es ampliamente superior a nuestras fuerzas.
3. El Señor promete darnos *su* provisión, la cual es más que suficiente.

4. El Señor promete darnos *su* protección contra todos nuestros enemigos.

Presencia, poder, provisión y protección del Señor, ¿qué más podría necesitar? Recuérdele frecuentemente a Dios sus cuatro promesas para usted.

Por último, pida a otros que oren por usted. Pídales que lo protejan a diario en oración; a cambio ore por ellos y por el éxito de ellos. Leemos en Santiago 5.16: «Orad unos por otros, para que seáis sanados».

¿Qué pudo haber hecho el hombre del ejemplo cuando recibió su nuevo cargo? Primero, pudo haber dicho frente a su tremendo reto: «No sé todo lo que debo saber respecto a este trabajo, pero el Señor sí lo sabe. Él me enseñará y me ayudará a obtener la información que necesito. Él me dará discernimiento, sabiduría, comprensión y energía para analizar esta área y enfrentar este problema, hasta conocer toda la información y todas las respuestas que debo tener».

En vez de ver la tarea como abrumadora y enorme, el hombre pudo haberla visto como una gran montaña que debía trepar, paso a paso, poco a poco. Pudo haberse dicho al final de cada día: «El Señor me ayudó otro día más. Aprendí algunas cosas nuevas. Hice una buena labor. Di un paso en la dirección correcta».

En momentos de fracaso o error, el hombre pudo haber confesado al Señor sus equivocaciones, pidiéndole: «Señor, ayúdame a aprender de esto. Ayúdame a no cometer de nuevo este error. Ayúdame a remediar esta equivocación de manera tan rápida y total como sea posible, de modo que mi equivocación no ocasione daños a la empresa o a cualquier otra persona».

La realidad es que todos fallamos. Si aún no ha fracasado en algo, créame, ¡lo hará! Toda persona de éxito ha fallado en innumerables ocasiones. Todos hemos fallado en cumplir nuestra palabra ante Dios, en vivir de acuerdo con lo que es correcto ante los ojos del Señor, y en hacer lo mejor que podemos en toda situación y en toda tarea. Todos hemos fallado en ser tan comprensibles, amables y generosos como nos habría gustado ser. Si nos enfocamos en nuestros fracasos, estos pueden llegar a enterrarnos. La buena noticia es que Dios perdona nuestros pecados y nos imparte su Espíritu Santo para ayudarnos a tomar decisiones en nuestras vidas y para crecer, madurar y desarrollarnos, de tal modo que superemos nuestros fracasos y cometamos menos equivocaciones.

Toda persona viva ha sufrido pérdidas. Quizás perdimos algo valioso. Pero lo bueno es que si obedecemos a Dios y continuamos hacia adelante en la búsqueda de los metas que nos ha ayudado a fijar en nuestras vidas, él encontrará una manera para que todas nuestras pérdidas funcionen en un patrón positivo y de beneficio eterno para nosotros. Él nos fortalecerá en áreas en que hemos sido débiles. Nos dará victorias y galardones en áreas que hemos sufrido pérdidas en el pasado. Hará que *todas* las cosas obren para bien (véase Romanos 8.28).

También es un hecho que usted no podrá complacer a todo el mundo. Siempre habrá alguien que criticará lo que hace, aunque su carácter e integridad sean los más impecables de cualquier hombre o mujer en la faz de la tierra. Agrade al Señor. Busque cumplir lo que él le ha llamado a hacer. Deje que las críticas de otros fluyan a través de usted. No asimile sus comentarios negativos. No los tome a pecho ni permita que dictaminen sus actitudes.

Con esto no digo que deba rechazar todo consejo bueno y piadoso. Más bien, debe rechazar toda crítica destinada a destruirlo, menospreciarlo o desanimarlo. El Señor nunca viene a robar, matar ni destruir. Esa es la obra del enemigo (véase Juan 10.10).

No se sorprenda cuando surja el miedo. Nada bueno en la vida se consigue sin una batalla contra él. La clave es erradicar rápidamente el temor con su fe en Jesucristo y su confianza muy bien puesta en él. Usted puede vencer el miedo, y es su decisión derribar este obstáculo hacia el éxito cada vez que le muestre su horrible rostro.

2. El obstáculo de la duda

La duda es un obstáculo para el éxito que se relaciona íntimamente con el miedo. Duda es falta de seguridad. Cuando dudamos, nos volvemos inestables, indecisos y vacilantes en nuestra persecución de una meta. Quizás no nos paralizemos o estemos en «automático» como sucede con el miedo, pero podríamos enredarnos y perder importantes oportunidades de avanzar.

Creer que puede lograr una meta que Dios le ha dado es vital para *alcanzarla*. El escritor de Hebreos declaró: «Sin fe es imposible agradar a Dios; porque es necesario que el que se acerca a Dios crea que le hay, y que es galardonador de los que le buscan» (11.6). ¿Cómo puede agradar a Dios? Recibiendo a su Hijo, Jesucristo, como su Salvador, y obedeciéndole día a día. Parte de su obediencia al Señor es hacer lo que le pide, no solo en los mandamientos bíblicos sino en la búsqueda de las metas que diseñó para usted. Sin fe en Dios —y sin creer que él anhela recompensarlo, y que lo recompensará al seguirlo diligentemente— usted fracasa.

Igual que los temores, usted debe enfrentar las dudas. Pregúntese: ¿Por qué estoy dudando? Existen varias razones para dudar. Una es no comprender que Dios está siempre con usted. Cada vez que le preocupe si el Señor está o no está con usted, le animo a leer en voz alta uno de estos pasajes bíblicos, con tanta frecuencia como sea necesario hasta que los crea de verdad:

- Filipenses 4.13: «Todo lo puedo en Cristo que me fortalece».
- Filipenses 4.19: «Mi Dios suplirá todo lo que me falta conforme a sus riquezas en gloria en Cristo Jesús».
- Hebreos 13.5: «No te dejaré ni te desampararé».
- Juan 16.24: «Hasta ahora nada habéis pedido en mi nombre; pedid, y recibiréis, para que vuestro gozo sea cumplido».
- Mateo 7.7: «Pedid, y se os dará; buscad, y hallaréis; llamad, y se os abrirá».

135

Cuando experimento dudas momentáneas, generalmente me pongo de rodillas, abro mi Biblia y leo ante Dios en voz alta, diciendo: «Señor, tú has dicho esto en tu Palabra. Confío en que lo hagas realidad en *mi* vida».

La duda ocasionada por fracasos pasados. Otra razón que hace dudar a las personas son sus fracasos pasados. Concluyen que porque fallaron una vez en el pasado, o quizás varias veces, Dios no está con ellas y por lo tanto fracasarán de nuevo.

La mayoría de nosotros necesita dejar de escudriñar nuestros errores pasados. Hacer esto es continuar cargando la culpa sobre pecados que el Señor ya perdonó y olvidó. Cuando seguimos lamentándonos por fracasos y pecados pasados —aun cuando los hayamos confesado a Dios, hayamos recibido perdón, y hayamos tomado la decisión voluntaria de arrepentirnos y cambiar nuestras sendas— estamos declarando que no hemos podido perdonarnos a nosotros mismos. Estamos cargando un excesivo e innecesario equipaje en nuestras vidas.

Si Dios lo ha perdonado, lo cual asegura que hace *cada vez que usted le confiesa sus pecados*, entonces, ¡perdónese usted también! (véase 1 Juan 1.9).

Mientras más se aferre a los fracasos pasados, y haga que ellos causen dudas en su vida, más destruye su confianza en el Señor. Comienza a verse como un fracaso que Dios no puede usar, como una «error» que Dios hizo, como un individuo indigno a quien el Señor no puede redimir o utilizar para sus propósitos. Tal pensamiento no es bíblico. Usted no ha cometido ninguna equivocación que al final Dios no pueda perdonar, remediar y transformar para su beneficio. No tiene la capacidad de enredarse al grado que Dios lo rechace o no lo utilice. Usted no puede deshacer los vínculos de amor con los que Dios lo ha cubierto.

Si piensa que es un fracaso, actuará como un fracasado, y fallarán las cosas que intente hacer. Decida deshacerse de su mentalidad de fracaso y véase como un hijo de Dios, amado, talentoso y espiritualmente dotado. ¡Actúe como la persona salva que es: una persona llena del Espíritu Santo, y en camino de ser conformada a Cristo que es! *No espere que otros hagan lo que usted tiene que hacer.* Otra razón de duda en las personas es esperar que otros les brinden oportunidades y bendiciones para ayudarles a triunfar. Esperan que alguien más tenga la fe y haga el trabajo necesario para lograr una meta. Cuando ese alguien no aparece, comienzan a dudar.

Dios espera que alcance las metas que él ha diseñado única y exclusivamente para usted. Nadie más puede hacer lo que el Señor creó para que usted hiciera. Nadie más puede tener la fe y hacer el trabajo necesario para cumplir las metas que él ha puesto delante de usted.

¡Tómele la palabra a Dios! Muchos individuos dudan porque no le toman la palabra a Dios. Leen la Biblia, pero concluyen: «Eso es para otras personas». Lo que usted lee en las Escrituras es para *usted.* Cuente con eso.

Santiago escribió sobre esto:

Si alguno de vosotros tiene falta de sabiduría, pídala a Dios, el cual da a todos abundantemente y sin reproche, y le será dada. Pero pida con fe, no dudando nada; porque el que duda es semejante a la onda del mar, que es arrastrada por el viento y echada de una parte a otra. No piense, pues, quien tal haga, que recibirá cosa alguna del Señor. El hombre de doble ánimo es inconstante en todos sus caminos (Santiago 1.5-8).

El individuo flojo en el cumplimiento de una meta, inestable en sus emociones e inseguro en lo que cree como la verdad y las promesas de Dios, se está predisponiendo al fracaso. A nadie más se puede culpar.

Por otra parte, Jesús nos dio un gran aliento sobre lo que sucede a quienes enfrentan situaciones con fe y no con duda. Nos enseñó:

Tened fe en Dios. Porque de cierto os digo que cualquiera que dijere a este monte: Quítate y échate al mar, y no dudare en su corazón, sino creyere que será hecho lo que dice, lo que diga le será hecho. Por tanto, os digo que todo lo que pidiereis orando, creed que lo recibiréis, y os vendrá (Marcos 11.22-24).

Usted debe ser muy realista al ir tras una meta que Dios le ha dado. Remover una montaña podría tomar algún tiempo, en algunos casos, años o décadas. Pero si es constante en la persecución de su meta, el monte se moverá, los obstáculos caerán y las dificultades desaparecerán. No debe predisponerse para la duda pensando que puede lograr todo en un día.

Piense por un instante en un joven que haya recibido el llamado de predicar el evangelio. Si el Señor dijera: «Espero que produzcas cincuenta años de sermones en toda tu vida», es probable que el joven se desplome de inmediato. Por el contrario, el Señor en su misericordia dice: «Pongo delante de ti la meta de predicar el evangelio mientras estés vivo y de modo tan eficaz, irresistible, poderoso y claro como puedas». Esa es una meta en la que una persona puede comenzar a trabajar. Y si vive lo suficiente, tendrá sermones para cincuenta años.

Sin embargo, este joven predicador no debe poner sus ojos en la meta final de una vida de predicación. Debe decir: «¿Cuál es el mejor sermón que puedo predicar el domingo próximo? ¿qué querrá el Señor decir a la congregación a través de mí *esta semana*?» El predicador deberá tener la fe de creer que Dios le dará un buen sermón esta semana, la semana entrante, y la próxima, uno a la vez.

Necesita enfocar su fe en sus metas inmediatas y a corto plazo. Allí su fe será más eficaz y potente. Y cuando pase el tiempo, su fe se fortalecerá hasta el punto que sus metas a corto plazo se tornarán más desafiantes. Entonces cuando mire hacia atrás será capaz de decir: «Viví por fe». Y esa, por supuesto, es precisamente la manera en que el Señor lo llama a vivir:

«El justo vivirá por fe». (Hebreos 10.38)

«Por fe andamos, no por vista». (2 Corintios 5.7)

«Lo que ahora vivo en la carne, lo vivo en la fe del Hijo de Dios, el cual me amó y se entregó a sí mismo por mí». (Gálatas 2.20)

3. El obstáculo de la «excusitis»

La excusitis es una enfermedad del alma. Es una infección de excusas y autojustificaciones que afectan el anhelo total de una persona de seguir tras una meta que Dios le da, y de completarla. Una innumerable cantidad de personas están infectadas con esta enfermedad espiritual.

La excusitis es el hábito de excusarnos o de dar excusas en todo movimiento para *no* hacer lo que sabemos hacer. Es la piedra angular del juego de la culpa: culpar a la manera en que nos sentimos físicamente, culpar a nuestros padres, culpar el hecho de que fuimos maltratados en algún momento de nuestras vidas, echar la culpa de nuestro fracaso al hecho de no tener un auto, suficiente dinero o esto o aquello.

La excusitis es tan vieja como la humanidad. Es más, es tan antigua como el primer hombre y la primera mujer. Adán culpó a Eva de haber comido el fruto. Eva culpó al diablo por tentarla. Con la excusitis no consiguieron nada de Dios. Las excusas no les sirvieron a ellos, y no nos servirán a nosotros.

Cuando el Señor llamó por primera vez a Moisés, para que regresara a Egipto y dijera a Faraón: «Deja ir a mi pueblo», Moisés balbuceó excusas. Dijo: «No soy nadie», «soy malísimo para hablar en público», «los demás no me creen», «soy un hombre del pasado». Dios no aceptó ninguna excusa de Moisés, y tampoco aceptará las nuestras.

¿Cuántas excusas acepta Dios por nuestra desobediencia o por fallar en ir tras las metas que ha puesto ante nosotros? Ninguna.

Pero usted podría decir: «¿Y qué de mi situación? Me encantaría enseñar en la escuela dominical, pero el Señor sabe que no estoy capacitado como maestro. No puedo enseñar sin entrenamiento». Mi respuesta sería: «¡Capacítese!»

También podría decir: «¿Qué puedo hacer? Mi agenda ya está repleta. No tengo ~~tiempo disponible para este~~ nuevo desafío». Mi respuesta: «Cambie su programa».

O quizás diga: «Pero es que sencillamente no puedo trabajar con esas personas que me rodean y al mismo tiempo ir tras las metas que Dios me ha dado». Mi respuesta: «Asóciese con un nuevo grupo de personas, pero primero revise su actitud y su comportamiento. Quizás ellas no sean el problema sino usted mismo».

Jesús contó una parábola acerca de un hombre rico que se fue de viaje y confió su riqueza a tres siervos. A uno dio cinco talentos, a otro dos talentos y a un tercero solo un talento. A su regreso descubrió que durante su ausencia, los primeros dos siervos habían duplicado su dinero. Sin embargo, el tercer siervo cayó en la excusitis. Dijo: «Señor, te conocía que eres hombre duro, que siegas donde no sembraste y recoges donde no esparciste; por lo cual tuve miedo, y fui y escondí tu talento en la tierra; aquí tienes lo que es tuyo» (Mateo 25.24-25). ¿Cómo respondió el amo? Llamó «malo y negligente» al siervo, le quitó el talento y se lo dio al que tenía diez talentos.

Nunca intente culpar a otra persona por su fracaso. Esto incluye a su cónyuge, su jefe, sus padres, su hijo, su pastor, su mejor amigo, su médico o cualquier otra persona con quien se relacione. Dios le ha dado talentos y dones espirituales, los cuales espera que use... sin excusas.

No existen buenas excusas para no ir a la iglesia, leer la Biblia, orar, hablar de su fe, usar su mente, creer en Dios, usar al máximo sus habilidades físicas, dar a Dios y a otros, o amar al prójimo generosamente.

Por experiencia personal, he llegado a la conclusión que si la mayoría de las personas utilizaran la energía que gastan cuando inventan excusas haciendo un verdadero esfuerzo, no tendrían ninguna causa para dar excusas. ¡Estarían triunfando!

Una manera práctica de vencer la excusitis es involucrarse en un grupo. Una mujer me dijo que pasó momentos difíciles al intentar disciplinarse en el estudio de la Biblia, así que decidió iniciar un grupo de estudio bíblico que se reuniera en su casa. Otra persona me dijo que superó la excusitis inscribiéndose en un curso y pagando la cuota inicial. Eso lo motivó a dejar de excusarse y lo hizo ocuparse en la consecución de una meta, la cual creía que Dios le había ayudado a establecer.

Observe su vida. ¿Qué excusas se da a usted mismo y a otros para continuar viviendo en un nivel menor del que Dios desea para usted? ¿No es este el momento de ponerse en acción y eliminar esas excusas?

4. El obstáculo de «postergar»

Postergar significa dejar para mañana lo que sabe que debe hacer hoy. Con frecuencia la razón subyacente para postergar es el temor, la duda o las excusas, pero en su núcleo es una falta de motivación.

Como ciudadanos sanos que vivimos en una nación libre, la inmensa mayoría de nosotros hacemos lo que *queremos* hacer. Encontramos tiempo y energía para lo que nos llama la atención. Conseguimos el dinero para lo que deseamos comprar. Cuando posponemos la búsqueda de las metas dadas por Dios, estamos diciendo: «Hay algo más importante para mí que obedecer a Dios y dirigirme hacia el nivel de éxito que él desea para mí».

Hay dos tipos de personas que son especialmente propensas a posponer. La primera es el perfeccionista. Este no es simplemente alguien que hace lo mejor que puede en las cosas que emprende. Un perfeccionista se siente impulsado a hacer todo de manera perfecta. A menudo se niega a emprender ciertas tareas o proyectos, quizás porque anticipa la posibilidad o la certeza de no hacerlo perfecto.

Al principio de mi ministerio deje a un lado ciertas tareas que no disfrutaba precisamente o que no me sentía preparado para realizar, iban desde devolver llamadas telefónicas hasta hacer bosquejos de mis sermones. Mientras más postergaba estas tareas, más miserable me sentía. Finalmente asumí el hecho de que así no eliminaba mi sufri-

EL ÉXITO A LA MANERA DE DIOS

miento. Lo único que estaba haciendo era dilatándolo y prolongándolo.

Con frecuencia el perfeccionista alarga una tarea más allá de lo necesario tratando de perfeccionar todo detalle. Sus metas inmediatas a menudo se convierten en metas de mediano alcance, las cuales tienden a estirarse hasta convertirse en metas a largo plazo. Para el perfeccionista, concluir una labor o alcanzar una meta es casi una señal de fracaso porque generalmente está seguro de que aún hay algo malo en el trabajo realizado.

La segunda clase de persona que tiende a postergar es el «cómodo». Este individuo sabe que el logro de cualquier meta requiere cierta cantidad de esfuerzo y energía, además de negarse a placeres frívolos y lujurias carnales. El cómodo prefiere tomar las cosas con calma en lugar de emplear el esfuerzo necesario para conseguir un objetivo. Tal vez busca eludir las posibles incomodidades de la vergüenza o el fracaso o de no cumplir con las expectativas. Este tipo de persona podría adquirir la idea: «Si hoy no hago ningún esfuerzo, no me pueden criticar por lo que haga».

Si está postergando la consecución de una meta divina, pregúntese *por qué*. ¿Es esclavo del perfeccionismo? ¿Está tratando de evitar la fatiga?

Si así es, debe pedirle al Señor que lo libere del perfeccionismo. Nadie es perfecto, a excepción de Dios. Él no espera que usted sea perfecto. Él conoce todo acerca de sus imperfecciones, y sin embargo decide morar en usted a través del poder del Espíritu Santo para ayudarle a vencerlas. La obra perfecta es de *él*, no suya.

Si es un «cómodo», pídale al Señor que le ayude a vencer esta pereza emocional. Busque maneras de motivarse a tomar acción. Establezca recompensas personales por alcanzar metas inmediatas y a corto plazo.

Uno de los pasos más positivos para un postergador o para quien padece de excusitis es hacerse responsable ante otro cristiano. Pida a alguien que conozca y respete que trabaje a su lado como un compañero de responsabilidad. Pídale que lo responsabilice por perder el tiempo y por hacer a un lado los pasos positivos que sabe que debería tomar en el cumplimiento de los objetivos divinos que se ha fijado. En ocasiones, esta persona podría ser un buen candidato para trabajar con usted en la búsqueda de su meta; por ejemplo, si se ha fijado el propósito de caminar diariamente, quizás su compañero de responsabilidad camine con usted. Si ha definido la meta de leer su Biblia diariamente, tal vez su compañero pueda unírsele y leer la Biblia en voz alta el uno al otro. También se pueden llamar por teléfono y pasar cinco minutos compartiendo sobre lo más importante que aprendieron de la lectura bíblica de ese día.

Demasiados creyentes caen en un estilo de vida postergador cuando se trata de hacer cambios importantes en sus vidas, especialmente los relacionados con sus disciplinas espirituales y sus hábitos de salud. Asóciese con alguien que lo motive a iniciar estos cambios importantes y que lo ayude a mantenerse motivado.

Si usted es de los que les gusta postergar, le ofrezco este consejo sumamente práctico: antes de acostarse esta noche, siéntese y escriba algo que se proponga lograr mañana. Elija una tarea relacionada con una meta inmediata, de corto plazo o de largo plazo. Al lado escriba un marco de tiempo. Si la actividad o tarea que puso en la lista le puede tomar más de una hora, divídala en segmentos más pequeños y escriba solo una parte de la tarea mayor.

Pídale al Señor que le ayude a lograr esa única actividad en las próximas veinticuatro horas. Puesto que ya conoce el resto de su programa para el día siguiente, tal vez deba programar el reloj despertador media hora más temprano y comenzar a trabajar en su objetivo. Quizás deba acortar la hora de almuerzo. Haga lo que sea necesario para ajustar su agenda, con el fin de tener tiempo para realizar esa tarea.

Siga este procedimiento cada noche de esta semana. Luego designe una pequeña recompensa por una semana valiosa en la obtención de metas inmediatas. Su premio autootorgado podría ser un baño caliente de quince minutos al final del día, salir a cenar el sábado en la noche, o cualquier otra cosa que le agrade.

Al final de la semana tome tiempo para reflexionar en que ha realizado siete actividades hacia la consecución de sus metas que posiblemente no hubiera logrado de otra manera. Gócese en los pasos que está dando. Agradezca al Señor por ayudarle a vencer sus tendencias de postergar. Luego fije una meta para el día siguiente. Aprendemos a caminar dando primero un paso, luego dos y después tres. Un viaje largo en auto se logra un kilómetro a la vez. Una deuda se cancela una pago a la vez. Decida todos los días dar pasos pequeños y firmes.

5. El obstáculo de la avaricia

La avaricia es un hambre insaciable o las ansias de adquirir más de lo que una persona necesita. No tiene fondo. Nunca se logra satisfacer. El avaro nunca tiene suficiente.

Si usted tiene un ardiente deseo de ser rico o de obtener mucho dinero, es hora de preguntarse *por qué.* ¿Por qué quiere ser rico? ¿Para jactarse de su riqueza? ¿Para poder dejar una gran herencia y ganar el amor de su familia? ¿Para ejercer poder e influencia sobre otras personas? ¿Para sentirse seguro? Estas razones no están de acuerdo con la Palabra de Dios. Pregunte al Señor por qué siente la necesidad de amasar riquezas. Pregúntele qué propósitos desearía *él* que usted tuviera en relación con su economía.

¿Cómo crea la avaricia un escollo para alcanzar metas? Así es como tiende a ocurrir. La avaricia funciona en el mundo natural; el mundo material, financiero y práctico de los sentidos. El avaro quiere un dólar más, una adquisición más, un traje más, un bocado más, una pastilla más, o más de cualquier cosa que ansíe. Y mientras más persigue ese otro artículo, menos ojos tiene para lo espiritual. La búsqueda del mundo natural supera todo anhelo de seguir las cosas de Dios. Cuando esto sucede, se desequilibra la vida del individuo.

La voluntad del Señor es que desarrollemos un deseo vehemente de llegar a ser como Cristo y de hacer lo que él quiere que hagamos. La mayoría de las cosas que el Señor nos dirige a hacer, elevan el espíritu en vez de gratificar la carne. Caer en la avaricia es ir exactamente en la dirección opuesta a los deseos de Dios.

El avaro también tiende a separarse de los demás. Levanta un muro emocional, y a veces real, alrededor de lo que tiene y dice a los demás: «¡Aléjate! ¡No lo toques! ¡Es mío!» Tal sujeto casi nunca se extiende para ministrar a otros y tiende a criticar a quienes no han adquirido tantas cosas como él. En comparación, la persona piadosa dice: «Déjame ayudarte a alcanzar tus metas. Sé que al ayudarte estaré actuando de una manera que agrada al Señor. Confiaré en que Dios me dará la ayuda que necesito para alcanzar las metas que él ha fijado para mi vida».

No hay manera en que una persona pueda practicar la avaricia sin ofender a los demás. Las personas consumidas por la avaricia, abusan, maltratan y sacan ventaja de los otros. Se mantienen en una interminable búsqueda de tener más y más bienes mundanos bajo su control o de utilizar más y más cosas para su placer personal. La avaricia está directamente vinculada con la codicia, que es querer lo que otra persona tiene y que le corresponde por legítimo derecho.

La Biblia se opone firmemente a la avaricia. Jesús enseñó: «Guardaos de toda avaricia; porque la vida del hombre no consiste en la abundancia de los bienes que posee» (Lucas 12.15).

El apóstol Pablo escribió a los efesios: «Fornicación y toda inmundicia, o avaricia, ni aun se nombre entre vosotros, como conviene a santos» (Efesios 5.3).

La avaricia es una actitud idólatra. Es desear más las cosas del mundo material y natural que las de Dios. Pablo escribió muy claramente a los colosenses acerca de este tema: «Haced morir lo terrenal en vosotros; fornicación, impureza, pasiones desordenadas, malos deseos y avaricia, que es idolatría» (Colosenses 5.3).

Nunca he conocido un avaro feliz. Tampoco he conocido a ninguno conforme y en paz. El avaro tiene un alma agitada, una constante sensación de infelicidad porque aún no posee todo lo que desea.

Recomiendo un paso muy práctico para ayudar a quien esté lidiando con la avaricia: regale algo que valora. Cada vez que siento que me estoy aferrando demasiado a algo, obsequio ese objeto. No vale la pena conservar nada que signifique desarrollar un espíritu de avaricia o desobediencia a Dios. La avaricia no cabe en el carácter de un cristiano. Debemos desecharla de nuestras vidas.

Otra manera de enfrentar la avaricia es hacer un esfuerzo consciente de diezmar y ofrendar. Los avaros casi nunca diezman. Comience a diezmar. Ofrende con generosidad a la obra del Señor. Recuerde las palabras del apóstol Pablo:

A los ricos de este siglo manda que no sean altivos, ni pongan la esperanza en las riquezas, las cuales son inciertas, sino en el Dios vivo, que nos da todas las cosas en abundancia para que las disfrutemos. Que hagan bien, que sean ricos en buenas obras, dadivosos, generosos; atesorando para sí buen fundamento para lo por venir, que echen mano de la vida eterna (1 Timoteo 6.17-19).

6. El obstáculo del pecado

Un modo de definir este obstáculo para el éxito es: violación de la conciencia. Su conciencia actúa como un sistema interno de alarma para su alma y espíritu. Podría llamarlo una campana o una luz roja. No importa el nombre que use, su conciencia es una señal a su interior de que está en terreno peligroso y que entró, o está a punto de entrar, en una «zona de pecado». Su conciencia le advierte contra los peligros morales de la conducta y las actitudes que pueden llevarlo a la destrucción.

El individuo que una y otra vez viola intencionalmente su conciencia, se cauteriza a sí mismo contra la aversión al pecado. Pablo advirtió a Timoteo: «Algunos apostatarán de la fe, [...] por la hipocresía de mentirosos que tienen la conciencia cauterizada» (1 Timoteo 4.1-2). Mientras más viola alguien intencionalmente su conciencia y procede a pecar, menos considera las señales de advertencia de ella. Con el tiempo, no experimentará *ninguna* advertencia en su interior relacionada con el pecado. Se vuelve inoperante la capacidad de discernir el mal.

Un individuo así está en terreno peligroso porque tiene muy poca comprensión de lo bueno y lo malo. Por consiguiente, tiene poco entendimiento de lo que Dios desea que establezca como metas saludables que tendrían como resultado un éxito divino.

¿Puede alguien lograr los objetivos que el Señor ha fijado para su vida si tiene una conciencia cauterizada y peca una y otra vez? No. La búsqueda de la voluntad de Dios para la vida de una persona es exactamente lo opuesto a la búsqueda de placeres carnales. Para establecer metas divinas y seguir tras ellas con entusiasmo, se debe estar dispuesto a alejarse del pecado y rechazar toda tentación de pecar.

Se necesita una programación correcta. El problema con la conciencia es que solo podemos confiar en ella si está programada de forma correcta. Podemos confiar en ella si la hemos programado según los principios de Dios. Pero si la hemos programado según cualquier otro grupo de normas o principios, no es confiable.

Una conciencia programada incorrectamente es un enorme perjuicio en la determinación y persecución de las metas divinas en la vida de alguien. Dios no permitirá que una persona tenga éxito si deliberada e intencionalmente decide violar la Palabra del Señor y proseguir tras unas metas fijadas por sí misma, en lugar de las de Dios.

Una persona sin conciencia es como un auto sin frenos. No hay mecanismo para «aminorar la velocidad» o para «detenerlo». Ese individuo se lanza de cabeza dentro del pecado y recoge toda su cosecha negativa.

Un día me di cuenta que estaba elogiando y ayudando mucho a alguien que había mencionado que quería darme una gran cantidad de dinero para el ministerio. Comencé a sentir inquietud en mi espíritu y le pregunté al Señor qué era lo que estaba mal. Él me habló de forma directa: «Estás manipulando esta situación. Deténte. Confía en mí». Cuando tenga una sensación fastidiosa que le corroe el corazón, no la ignore. Llévela ante Dios. Déle la oportunidad de que le diga sus deseos en relación a su actitud o conducta.

7. El obstáculo de la indolencia

Indolencia es un bonito término para la palabra *pereza*. En la Biblia, ser indolente es lo contrario a ser laborioso o trabajar de manera diligente. El individuo indolente trata de arreglárselas con el mínimo esfuerzo, el mínimo gasto de creatividad y energía, y la mínima participación con otros.

La consecución de metas divinas conlleva energía. Se necesita esfuerzo en la edificación de buenas relaciones. El indolente no quiere extenderse hacia las personas o a la persecución de metas.

El indolente no desea la incomodidad o dolor que llega con el trabajo duro. No quiere el dolor que se deriva al ser vulnerable a otros.

¿Horas extras? El indolente dice: «De ninguna manera».

¿Aceptar una nueva responsabilidad? «De ningún modo».

¿Salirse de su ruta para bendecir a otro? «¡Claro que no!»

Mi amigo, ¡no hay manera de que el indolente triunfe!

Tres mentiras que cree el indolente. Hay varias mentiras de las que el indolente casi siempre se apropia:

1. Trabaje con más viveza, no con más fuerza. Ningún objetivo digno se alcanza solo con ser listo. Toda meta requiere trabajo duro: muchas horas, esfuerzo extra, más estudio y mayor intensidad en la preparación.

2. No permita que otros lo utilicen. Dé el mínimo que pueda dar o los demás abusarán de usted. La intención de Dios es que nos asociemos con otras personas y seamos generosos con ellas. Solo cuando damos a los demás lo mejor de nosotros, nos colocamos en una posición de recibir lo mejor de Dios. Pablo escribió a los esclavos que eran parte de la iglesia en Éfeso:

> Siervos, obedeced a vuestros amos terrenales con temor y temblor, con sencillez de vuestro corazón, como a Cristo; no sirviendo al ojo, como los que quieren agradar a los hombres, sino como siervos de Cristo, de corazón haciendo la voluntad de Dios; sirviendo de buena voluntad, como al Señor y no a los hombres, sabiendo que el bien que cada uno hiciere, ese recibirá del Señor, sea siervo o sea libre (Efesios 6.5-8).

3. No permita que nada lo irrite. Descanse. Disfrute la vida. Huela el perfume de las rosas. Está claro que el Señor desea que disfrutemos la vida. Anhela que percibamos el perfume de las rosas, pero muy probablemente su intención es que percibamos ese perfume mientras cultivamos el jardín. La Biblia expresa palabras muy fuertes contra los holgazanes.

Lea estos versículos para que tenga un breve ejemplo de las enseñanzas bíblicas acerca de la ociosidad:

> El que es negligente en su trabajo es hermano del hombre disipador. (Proverbios 18.9)

> Pasé junto al campo del hombre perezoso, y junto a la viña del hombre falto de entendimiento; y he aquí que por toda ella habían crecido los espinos, ortigas habían ya cubierto su faz, y su cerca de piedra estaba ya destruida. Miré, y lo puse en mi corazón; lo vi, y tomé consejo. Un poco de sueño, cabeceando otro poco, poniendo mano sobre mano otro poco para dormir; así vendrá como caminante tu necesidad, y tu pobreza como hombre armado. (Proverbios 24.30-34)

Por la pereza se cae la techumbre, y por la flojedad de las manos se llueve la casa (Eclesiastés 10.18).

Cuando estábamos con vosotros, os ordenábamos esto: Si alguno no quiere trabajar, tampoco coma. Porque oímos que algunos de entre vosotros andan desordenadamente, no trabajando en nada, sino entremetiéndose en lo ajeno. A los tales mandamos y exhortamos por nuestro Señor Jesucristo, que trabajando sosegadamente, coman su propio pan (2 Tesalonicenses 3.10-12).

Mi madre fue una gran trabajadora, y me exigió trabajar desde tan corta edad que nunca tuve problemas con la flojera. Por el contrario, tiendo a trabajar demasiado.

Si usted tiende a ser perezoso, reconozca que está perjudicando a su familia, a su patrono o a cualquier otro grupo en el que esté involucrado. Encuentre algo que lo motive a levantarse y ponerse en movimiento.

Un asombroso futuro por delante

Usted y yo hemos recibido la extraordinaria promesa y presencia del Santo Espíritu en nuestro interior para lograr todo lo que Dios ha establecido para nosotros. El Espíritu Santo nos ayudará a eliminar estos obstáculos si le pedimos ayuda. Sin embargo, él no irá por encima de nuestra voluntad ni la quitará con su soberanía, *a menos que lo invitemos a que nos ayude.*

¿Tiene miedo en relación con las metas que Dios le ha dado?

¿Duda que el Señor esté con usted al ir tras sus metas, o que le capacitará para triunfar en ellas?

¿Está excusándose en lugar de progresar?

¿Está posponiendo la realización de lo que el Señor desea que haga?

¿Tiene avaricia?

¿Está violando su conciencia en relación con los planes de Dios?

¿Está participando en actividades y actitudes que sabe son pecaminosas?

¿Es negligente y se mantiene ocioso cuando podría estar trabajando en sus metas?

Si respondió sí a cualquiera de estas preguntas, confíe su necesidad al Señor. Pídale que lo perdone. Luego pídale que le ayude a seguir adelante en su vida. Involúcrese con otras personas que puedan ayudarle a vencer estos obstáculos en su vida. Hágalos a un lado, uno a uno, y dé el siguiente paso para alcanzar sus metas.

9

LA ACTITUD NECESARIA PARA TRIUNFAR

ॐ

Lisa recuerda que su abuela la molestaba cariñosamente llamándola «Melissa la melancólica». Gran parte de su vida Lisa había sentido melancolía o depresión. Aunque no había podido determinar el origen exacto de su depresión, y que esta nunca tuvo proporciones clínicas, admite que siempre estuvo un poco deprimida y que a veces disfrutaba la tristeza. Sus amigos se burlaban porque no reía, y más de un novio la había alentado a enfocar la vida con más ánimo.

Recientemente Lisa se percató que varios de sus compañeros de trabajo habían recibido ascensos. Ella sabía que su trabajo era igual que el de ellos y que tenía más antigüedad que uno de sus compañeros que fue ascendido. Se preguntaba: «¿Por qué yo no?»

Roberto tuvo una infancia muy dura. Sus padres se divorciaron cuando tenía tres años de edad, y luego su madre lo abandonó, dejándolo al cuidado de su abuela. Vivió gran parte de su infancia en la pobreza. Puesto que su abuela trabajaba a tiempo completo, no recibió mucha atención personal. Y debido a sus luchas emocionales en general, le era difícil concentrarse y tendía a no desempeñarse bien en la escuela.

Como adulto, Roberto no se ha reservado para sí los malos momentos que experimentó de niño. A toda persona que le escuche le hace saber que merecía una mejor niñez y que no ha tenido ninguna clase de éxito como adulto debido a la mala paternidad que tuvo, a la falta de atención de su abuela, y a la falta de comprensión y compasión de sus maestros en la infancia. Además está muy dispuesto a expresar su frustración porque nadie parece querer ayudarlo a levantarse.

Carla se define a sí misma como envidiosa. Admite que le gustan las cosas buenas, incluyendo las que pertenecen a otros y que ella anhela. Envidia la oficina de su supervisora, el marido de su mejor amiga y el auto de su hermano. Su frase favorita es: «Algún día voy a tener...» Gran parte de su conversación gira en torno a cosas que intenta comprar, adquirir o de las que intenta apoderarse. Sencillamente no comprende por qué no ha logrado tener más.

Lisa, Roberto y Carla aun no han aprendido un principio clave relacionado con el éxito: *Su actitud da forma a su futuro.*

Lo que usted cree da origen a dos cosas: lo que siente y a su manera de responder a la vida. Su actitud produce comportamientos. Y lo que usted haga se relaciona directamente con lo que llegue a ser como persona y al éxito que tenga en lograrlo.

La clave que da lugar al éxito

Jesús hizo una afirmación que quizás es la clave más importante que pueda encontrar para el éxito. Enmarca una actitud que da lugar al éxito. Es un principio tan básico, que un niño puede comprenderlo. Sin embargo, también es tan profundo que ninguno de nosotros, actuando solo por nuestras fuerzas, puede vivirlo cabalmente. Debemos tener la ayuda del Espíritu Santo si hemos de tener esta actitud y actuar de acuerdo a ella. Jesús enseñó: «Todas las cosas que queráis que los hombres hagan con vosotros, así también haced vosotros con ellos» (Mateo 7.12).

La mayoría de nosotros hemos aprendido esta regla de oro desde nuestra infancia: haga a otros lo que quiere que hagan con usted. Pero quiero que vea el contexto actual de esta enseñanza de Jesús:

Pedid, y se os dará; buscad, y hallaréis; llamad, y se os abrirá. Porque todo aquel que pide, recibe; y el que busca, halla; y al que llama, se le abrirá. ¿Qué hombre hay de vosotros, que si su hijo le pide pan, le dará una piedra? ¿O si le pide un pescado, le dará una serpiente? Pues si vosotros, siendo malos, sabéis dar buenas dádivas a vuestros hijos, ¿cuánto más vuestro Padre que está en los cielos dará buenas cosas a los que le pidan? Así que, todas las cosas que queráis que los hombres hagan con vosotros, así también haced vosotros con ellos; porque esto es la ley y los profetas (Mateo 7.7-12).

Esta declaración, también conocida como la regla de oro de la conducta, es una afirmación que Jesús hizo en relación a la satisfacción de nuestras necesidades y la obtención de lo que Dios desea que seamos y hagamos. Estaba retando al pueblo a pedir al Señor sus bendiciones y a preguntarle con sinceridad: «¿Cuál es tu voluntad para mi vida? ¿qué quieres que haga? ¿qué has planificado para mi éxito? ¿qué me hará un triunfador ante tus ojos?»

Jesús amonestó al pueblo a buscar lo que el Señor reveló como importante y bendito. Dijo: «Busca la bondad de Dios y la justicia».

El Señor enseñó al pueblo a persistir en la persecución de las bendiciones y del éxito divino hasta que lo obtuvieran. En el idioma original de este escrito, el tiempo de los verbos *pedir, buscar* y *llamar*, probablemente se debería haber traducido: «Pide y continúa pidiendo, busca y sigue buscando, llama y continúa llamando». Según Jesús, siempre deberíamos estar preguntándole al Señor: «¿Qué quieres que haga hoy?

¿qué te agradará? ¿qué es lo que debo buscar ahora mismo para llegar a ser lo que tú deseas que sea y haga?»

Después de sus mandamientos de pedir, buscar y llamar, Jesús dijo: «Entonces el Señor te responderá. Él hará que encuentres lo que buscas. Te abrirá la plenitud de sus riquezas y su presencia. Si otros te dan lo que les pides, y si los padres dan a sus hijos lo que estos necesitan, aunque no sepan cómo pedir lo que necesitan, cuánto más te dará el Padre?»

Luego Jesús concluyó: «Si vives en buena relación con los demás y los tratas como te tratas a ti mismo, serás bendecido por el Señor y por los hombres».

En el Evangelio de Lucas encontramos una enseñanza similar de Jesús: «Sed misericordiosos, como también vuestro Padre es misericordioso. No juzguéis, y no seréis juzgados; no condenéis, y no seréis condenados; perdonad, y seréis perdonados. Dad, y se os dará; medida buena, apretada, remecida y rebosando darán en vuestro regazo; porque con la misma medida con que medís, os volverán a medir» (Lucas 6.36-38). El Señor nos evalúa, nos perdona y nos premia en proporción directa a la manera en que pensamos y actuamos hacia los demás.

A demasiados individuos les gusta pasar por alto y menospreciar este principio de la Palabra de Dios. Muchos cristianos son prontos en decir: «El Señor me juzga solo en lo que hago en relación con él». Eso simplemente no es lo que dice la Biblia. Esta enseña que el Señor nos juzga sobre la base de lo que hacemos en relación con él *y con los demás*.

Nuestros pensamientos se relacionan con los demás

Usted podría decir: «Pues bien, el Señor ve el interior de mi corazón». Es verdad, él lo hace. Pero, ¿en qué ha estado cavilando en su corazón la mayor parte del tiempo? Es prácticamente imposible que no tenga pensamientos que involucren a otras personas. Un gran porcentaje de nuestros pensamientos, opiniones y sensaciones de un día cualquiera están directamente relacionados con lo que otros dicen y hacen. La mayoría de nuestras oraciones son por nosotros mismos y por otros. La mayoría de nuestra alabanza es sobre lo que Dios ha hecho en nuestras vidas y en las vidas de otros. El Señor mira el corazón, pero nuestros corazones miran a Dios así como a los demás. Lo mismo se aplica a nuestra conducta. El Señor no limita su evaluación de nosotros solo a nuestros corazones. También evalúa nuestras acciones. Y la mayoría de nuestras acciones involucran en algún grado a otras personas.

La persona que solo se habla a sí misma, que se preocupa solo de ella, y que responde solo para sí se le considera desquiciada. Si llevamos vidas normales y saludables no podemos evitar involucrarnos con otras personas y expresar nuestras actitudes hacia ellas por medio de nuestras acciones.

El Señor responde a nuestra conducta hacia los demás

Considere estos versículos que hablan de cómo el Señor nos responde sobre la base de nuestro comportamiento hacia otros. Jesús enseñó:

Si perdonáis a los hombres sus ofensas, os perdonará también a vosotros vuestro Padre celestial. (Mateo 6.14)

Con el juicio con que juzgáis, seréis juzgados, y con la medida con que medís, os será medido. (Mateo 7.2)

No todo el que me dice: Señor, Señor, entrará en el reino de los cielos, sino el que hace la voluntad de mi Padre que está en los cielos. Muchos me dirán en aquel día: Señor, Señor, ¿no profetizamos en tu nombre, y en tu nombre echamos fuera demonios, y en tu nombre hicimos muchos milagros? Y entonces les declararé: Nunca os conocí; apartaos de mí, hacedores de maldad. (Mateo 7.21-23)

No me elegisteis vosotros a mí, sino que yo os elegí a vosotros, y os he puesto para que vayáis y llevéis fruto, y vuestro fruto permanezca; para que todo lo que pidiereis al Padre en mi nombre, Él os lo dé. Esto os mando: Que os améis unos a otros. (Juan 15.16-17)

Al enseñar sobre la manera en que nos relacionamos con otros, Jesús casi siempre fue más allá de la letra de la ley al verdadero espíritu de la ley. Habló una y otra vez de la importancia de nuestro pensamiento y de nuestras actitudes hacia otros:

Oísteis que fue dicho: No cometerás adulterio. Pero yo os digo que cualquiera que mira a una mujer para codiciarla, ya adulteró con ella en su corazón. (Mateo 5.27-28)

Oísteis que fue dicho a los antiguos: No matarás; y cualquiera que matare será culpable de juicio. Pero yo os digo que cualquiera que se enoje contra su hermano, será culpable de juicio; y cualquiera que diga: Necio, a su hermano, será culpable ante el concilio; y cualquiera que le diga: Fatuo, quedará expuesto al infierno de fuego. (Mateo 5.21-22)

Oísteis que fue dicho: Amarás a tu prójimo, y aborrecerás a tu enemigo. Pero yo os digo: Amad a vuestros enemigos, bendecid a los que os maldicen, haced bien a los que os aborrecen, y orad por los que os ultrajan y os persiguen; para que seáis hijos de vuestro Padre que está en los cielos. (Mateo 5.43-45)

Jesús señaló que la regla de oro resume y *cumple* con la ley y los profetas. La ley contiene mandamientos muy firmes acerca de cómo las personas deben relacionarse moralmente. Seis de los diez mandamientos tratan directamente con relaciones interpersonales: a los hijos se les ordena honrar a sus padres, y el Señor nos ordena no matar, no cometer adulterio, no robar, no levantar falso testimonio contra nuestro prójimo, y no codiciar las posesiones de nuestro prójimo.

En el libro de Deuteronomio, Moisés ordenó a los israelitas que guardaran *todos* los mandatos y estatutos que el Señor les había dado. También les advirtió firmemente que la «maldición» del Señor caería sobre quienes desobedecieran mandamientos muy específicos. En Deuteronomio 27.15-26 encontramos una lista de conductas que provocan el más duro juicio de Dios. Al leer esta lista, observe que siete de estas nueve declaraciones tratan con la conducta hacia otras personas:

- «El hombre que hiciere escultura o imagen de fundición, abominación a Jehová, obra de mano de artífice, y la pusiere en oculto»
- «El que deshonrare a su padre o a su madre»
- «El que redujere el límite de su prójimo»
- «El que hiciere errar al ciego en el camino»
- «El que pervirtiere el derecho del extranjero, del huérfano y de la viuda»
- «El que se acostare con la mujer de su padre [...] con cualquier bestia [...] con su hermana [...] con su suegra»
- «El que hiriere a su prójimo ocultamente»
- «El que recibiere soborno para quitar la vida al inocente»
- «El que no confirmare las palabras de esta ley para hacerlas»

El juicio de Dios no se relaciona solamente con la manera en que le adoramos sino con la forma en que nos comportamos con los demás, lo cual incluye qué pensamos acerca de ellos.

Un día un funcionario del templo le preguntó a Jesús: «Maestro, ¿cuál es el gran mandamiento en la ley?» Jesús le dijo: Amarás al Señor tu Dios con todo tu corazón, con toda tu alma, y con toda tu mente. Este es el primero y grande mandamiento. Y el segundo es semejante: Amarás a tu prójimo como a ti mismo» (Mateo 22.36-39). Jesús puso el amor al prójimo a la par con nuestro amor a Dios.

Un mandamiento, no una sugerencia

El mandato divino de comportarnos con los demás como nos gustaría que nos trataran no es una sugerencia; es una exigencia. No tenemos ninguna base para alcanzar metas divinas o para buscar las bendiciones y recompensas de Dios, si primero no estamos dispuestos a revisar nuestras actitudes y comportamientos hacia otras personas. Nuestro éxito depende de la manera en que tratemos a los demás.

¿Cómo quiere que los demás lo traten?

Las siguientes son dos preguntas claves que debe hacerse cuando persigue las metas de Dios para su vida: ¿Cómo quiero que me traten los demás? ¿Estoy dispuesto a tratarlos de la misma manera?

Es muy probable que no tenga problemas respondiendo a la primera pregunta. Déle una mirada a esta lista de antónimos, y seguramente escogerá todos los comportamientos y actitudes en la columna de la izquierda. Nadie quiere ser tratado en las formas que aparecen en la columna de la derecha:

Aceptación	Rechazo
Amabilidad	Dureza
Comprensión	Insensibilidad
Cuidado	Indiferencia
Ayuda	Oposición
Amor	Odio

Apoyo	Persecución
Ánimo	Desaliento
Generosidad	Mezquindad, egoísmo
Perdón Venganza,	falta de perdón
Lealtad	Deslealtad

La pregunta más difícil de responder es: ¿Estoy dispuesto a tratar a los demás según la lista de la columna de la izquierda? Quizás diga sí... en teoría. Pero luego es posible que ponga calificadores a estos comportamientos: «Sí, trato a las personas de esta manera si...» o «cuando...» o «dependiendo de...» Usted podría poner calificadores las veces que lo aman, lo perdonan, le muestran lealtad, generosidad, etc.

Podría decirse: «Me encanta aceptar, apoyar y ayudar a quienes son mis amigos» o «siempre soy amable y me preocupo por quienes son amables conmigo y se preocupan por mí». Al hacer estas afirmaciones, está girando en 180 grados las palabras de Jesús. Usted está diciendo: «Hago a otros lo que primero ellos hacen conmigo». Jesús dijo: «Actúe *primero* y responda de la manera en que quiera ser tratado, sin importar lo que le hagan los demás».

Usted debe enfrentar varios hechos sobre el comportamiento humano:

Primero, todos los que buscamos vivir una vida piadosa seremos perseguidos. Será perseguido en sus negocios, en su profesión y entre sus amistades. Lo malinterpretarán y lo maltratarán verbal, emocional y tal vez físicamente. Vivimos en un mundo caído, y el hombre pecador siempre es abusivo. Pablo aconsejó a Timoteo: «Todos los que quieren vivir piadosamente en Cristo Jesús padecerán persecución» (2 Timoteo 3.12). Eso no es todo. El apóstol anticipó: «Los malos hombres y los engañadores irán de mal en peor, engañando y siendo engañados» (v. 13). Si aun no lo han perseguido por su fe en Jesucristo, lo harán. Si en el pasado lo persiguieron, espere más persecuciones.

Segundo, usted no tiene el privilegio de tratar a otros de una manera impía, sin que importe cómo lo hayan tratado a usted. Pedro escribió: «Criados, estad sujetos con todo respeto a vuestros amos; no solamente a los buenos y amables, sino también a los difíciles de soportar» (1 Pedro 2.18). El apóstol dijo que usted debe ser sumiso «con todo respeto», lo cual significa «con consideración». Una cosa es ser sumiso por fuera, y por dentro sentir odio y venganza. Otra cosa es ser totalmente sumiso con respeto, en especial con un amo severo. Pedro continuó:

Porque esto merece aprobación, si alguno a causa de la conciencia delante de Dios, sufre molestias padeciendo injustamente. Pues ¿qué gloria es, si pecando sois abofeteados, y lo soportáis? Mas si haciendo lo bueno sufrís, y lo soportáis, esto ciertamente es aprobado delante de Dios. Pues para esto fuisteis llamados; porque también Cristo padeció por nosotros, dejándonos ejemplo, para que sigáis sus pisadas. (1 Pedro 2.19-21)

Tercero, en ninguna parte de la Biblia el Señor dice que la obediencia sea fácil. La obediencia le hace grandes exigencias. Requiere que se vuelva totalmente de los impulsos carnales e innatos del ser humano, que intente hacer lo que Jesús haría, y que diga lo que Jesús diría. La obediencia exige que se vuelva de los hábitos pecaminosos y responda según la naturaleza del Espíritu Santo que reside en su interior. La obediencia también requiere que le dé diariamente la prioridad al Espíritu Santo, de tal manera que manifieste el carácter de él en toda situación y en toda relación. Usted debe responder con amor, gozo, paz, resignación (paciencia), benignidad, bondad, fidelidad, mansedumbre y dominio propio (Gálatas 5.22-23).

¿Qué actitudes está sembrando?

La manera en que trata a los demás se relaciona directamente con las leyes de Dios respecto a la siembra y la cosecha. El apóstol Pablo escribió a los gálatas:

No os engañéis; Dios no puede ser burlado: pues todo lo que el hombre sembrare, eso también segará. Porque el que siembra para su carne, de la carne segará corrupción; mas el que siembra para el Espíritu, del Espíritu segará vida eterna. No nos cansemos, pues, de hacer bien; porque a su tiempo segaremos, si no desmayamos. Así que, según tengamos oportunidad, hagamos bien a todos, y mayormente a los de la familia de la fe (Gálatas 6.7-10).

Usted y yo comenzamos a sembrar cada mañana cuando nos despertamos. En nuestras mentes sembramos pensamientos positivos o negativos, buenos o malos. En nuestras acciones (actitudes y hábitos durante todo el día) sembramos para la carne o para el espíritu.

Todo campesino sabe que no puede esperar una cosecha a menos que haya plantado semillas. Además, no espera cosechar maíz si planta trigo. Él sabe que lo que siembra está directamente relacionado con lo que segará. Sabe que la *calidad* de las semillas que siembra y la *excelencia* del cuidado con que las alimenta una vez germinadas, está en proporción directa con la *cantidad* de cosecha que segará. Mientras más cantidad y mejor calidad de semillas siembre, y utilice mejores métodos agrícolas para nutrir las plantas que producen las semillas, mayor será la cosecha.

El Señor ha erigido este principio en el reino natural, en el espiritual y en todas las áreas de la vida. El principio fue establecido desde los mismísimos inicios de la creación. En Génesis leemos que este principio existía aun antes de la creación de la humanidad:

Dijo Dios: Produzca la tierra hierba verde, hierba que dé semilla; árbol de fruto que dé fruto según su género, que su semilla esté en él, sobre la tierra. Y fue así. Produjo, pues, la tierra hierba verde, hierba que da semilla según su naturaleza, y árbol que da fruto, cuya semilla está en él, según su género. Y vio Dios que era bueno (Génesis 1.11-12).

Usted cosecha lo que ha sembrado. Esta ley es absolutamente inalterable, e influye tanto en la cantidad como en la naturaleza de la cosecha que recibe en la vida cuando va tras las metas que Dios le da.

Sembrar para la carne

Pablo hace referencia a la siembra para la carne (Gálatas 6.8). Todos llegamos a este mundo con una naturaleza pecaminosa, con la tendencia de alejarnos de Dios en vez de acercarnos a él. Somos rebeldes y obstinados desde que nacemos, y fallamos en muchas maneras en reflejar la santidad y justicia del Señor.

Esa naturaleza pecaminosa está en usted hasta el día en que acepta a Jesucristo como su Salvador. Entonces él hace morada en usted a través de su Espíritu Santo y cambia su naturaleza pecaminosa, y le da una nueva que es «del Espíritu». Su naturaleza espiritual cambia de un estado pecaminoso y de falta de perdón a uno de perdón y rectitud ante Dios. En realidad usted ha «nacido de nuevo» en su espíritu. Tiene un nuevo comienzo. Pablo lo expresó muy bien: «Si alguno está en Cristo, nueva criatura es; las cosas viejas pasaron; he aquí todas son hechas nuevas» (2 Corintios 5.17).

Aunque su naturaleza espiritual ha cambiado, Dios no transforma su cuerpo físico. Usted aún vive en un cuerpo carnal, con sus cinco sentidos y toda su carnalidad. Por consiguiente, todavía tiene la capacidad de pecar y puede ejercitar su voluntad para satisfacer los deseos de la carne.

Cuando usted decide permitir que la carne —los impulsos humanos físicos y naturales— domine su vida, está sembrando para la carne. Pablo identificó una gran cantidad de pecados carnales:

> Manifiestas son las obras de la carne, que son: adulterio, fornicación, inmundicia, lascivia, idolatría, hechicerías, enemistades, pleitos, celos, iras, contiendas, disensiones, herejías, envidias, homicidios, borracheras, orgías, y cosas semejantes a estas; acerca de las cuales os amonesto, como ya os lo he dicho antes, que los que practican tales cosas no heredarán el reino de Dios. (Gálatas 5.19-21)

Sembrar para la carne no solo se refiere a los pecados que podríamos llamar sexuales o a los pecados manifiestos, como asesinato, robo y mentira. También se refiere a la manera en que pensamos (odio, celos, ambición egoísta, herejía, envidia). Se refiere al modo en que nos relacionamos con los demás (disensiones, contiendas y arranques de ira). Sembramos para la carne cuando tomamos represalias contra las personas que nos juzgan, cuando atacamos a quienes nos critican, y cuando discutimos con ira y amargura con alguien que no está de acuerdo con nosotros. El resultado es que estamos sembrando malas semillas que nos llevarán a corrupción.

Lo que sembramos para la carne no produce vida; por el contrario, produce muerte. La muerte y destrucción creadas por nuestras malas semilla, sembradas en la carne, pueden ser terribles. Considere algunas de las cosas que una actitud, una palabra, o una acción negativa puede matar o perjudicar gravemente, en especial si la expresión negativa se siembra una y otra vez:

- Una relación cariñosa
- Una buena relación de trabajo
- Sueños
- Esperanzas

- Un matrimonio o familia
- Un negocio
- Un ministerio
- Salud física
- Salud mental
- Un testimonio personal
- El sentido de orden

- Motivación
- Gozo
- Satisfacción
- Bendición económica
- Creatividad
- El deseo de vivir
- Autoestima

Las semillas sembradas en la carne pueden resultar en una cosecha de fracasos: fracaso en obtener un ascenso, fracaso en hacer una venta, fracaso en cerrar un contrato, fracaso en forjar una relación positiva, fracaso en hacer una nueva amistad, fracaso en mantener una antigua amistad, fracaso en testificar de Cristo. La lista podría continuar hasta el infinito. Nada bueno puede venir de semillas sembradas para la carne.

El individuo que siembra para la carne no disfruta la vida. Siempre lo atormentan sensaciones de culpa, vergüenza, frustración, desilusión y profunda inquietud interior. Solamente la persona que siembra para el Espíritu tiene una verdadera capacidad de experimentar la vida al máximo y con plenitud.

Sembrar para el Espíritu

La buena noticia es que tiene una alternativa. No debe sembrar para la carne, aunque viva en un cuerpo carnal con impulsos lujuriosos. Puede escoger sembrar para el Espíritu, haciendo las cosas que agradan al Espíritu, y haciéndolas de una manera piadosa. Su decisión puede ser perdonar aun a quienes lo han lastimado gravemente. Puede ser animar a quienes han intentado desanimarlo. Puede decidir ser generoso con quienes han sido tacaños con usted. ¿Cómo? Permitiendo que el Espíritu Santo en su interior domine su manera de pensar y, por consiguiente, sus acciones.

¿Cómo permite que el Espíritu opere en usted y a través de usted para crear una cosecha positiva para su bien?

Primero, someta el control total de su vida al Espíritu Santo. Debe pedirle diariamente al Espíritu Santo que le infunda poder, fortaleza, sabiduría y capacidad; dándole prioridad sobre sus planes, relaciones y el uso de su tiempo, dinero, energía y recursos. Pídale que le dirija claramente por las sendas en que debe caminar, y que le dé valor para caminar en ellas. Pablo escribió: «Si vivimos por el Espíritu, andemos también por el Espíritu» (Gálatas 5.25). En otras palabras, no es suficiente haber nacido de nuevo a la vida eterna por el poder del Espíritu Santo. *Es necesario que en esta tierra busque diariamente caminar en el Espíritu Santo.*

Segundo, esté atento y valore el fruto que el Espíritu Santo manifieste en su vida. Su deseo debe ser manifestar amor, gozo, paz, paciencia, benignidad, bondad, fe, mansedumbre y dominio propio en su vida (véase Gálatas 5.22-23).

Tercero, escoja intencionalmente en qué va a pensar. Pablo escribió a los filipenses:

Todo lo que es verdadero, todo lo honesto, todo lo justo, todo lo puro, todo lo amable, todo lo que es de buen nombre; si hay virtud alguna, si algo digno de alabanza, en esto pensad. (Filipenses 4.8)

Decida alejarse de los mensajes negativos, lujuriosos y violentos que giran constantemente a su alrededor. Decida apagar el televisor y alejarse de películas, revistas y sitios de Internet que sean obscenos. Prefiera apartar los ojos y los oídos del mal y dirigirlos hacia lo bueno.

¿Qué fortalece cuando siembra para el Espíritu?

- ! Buenas amistades

- Ambiente de trabajo armonioso
- Ministerios activos y eficaces
- Salud emocional y física
- Familias amorosas
- Gozo y satisfacción personal
- Esperanza y entusiasmo

Lo que siembra en el Espíritu produce vida, y tiene el potencial de recompensa eterna. La misma naturaleza del Espíritu Santo es *vida*, y las cosas que usted siembra para el Espíritu producen deseos de vivir. Tienen la capacidad de producir, multiplicarse y florecer como una abundante cosecha. Mientras más siembra para el Espíritu, más grande es la cosecha de cosas que resultan en su capacidad para lograr las metas que Dios le ha ayudado a establecer.

El sembrador es quien más gana cuando siembra para el Espíritu. De igual manera, es quien más pierde cuando siembra para la carne. Muy a menudo pensamos que cuando somos hostiles, y sentimos ira y amargura, causamos daño a la persona con quien desahogamos estas emociones negativas. En realidad, nos hacemos daño a nosotros mismos. Estamos destruyendo nuestra paz interior, nuestro crecimiento espiritual, nuestra reputación y nuestra oportunidad de ser recompensados por el Padre.

Creo firmemente que si usted responde de una manera piadosa a una persona que le ha ofendido, Dios le reemplazará lo que ha perdido, sanará cualquier herida que haya experimentado, y lo preparará para una bendición que llegará precisamente en la forma que más necesita. Quizás la persona que lo ofendió no participe en la recompensa que Dios le dé, pero el Señor proveerá para usted según sus riquezas en gloria y a través de sus métodos soberanos.

Cuando decide no rendirse a sus inclinaciones carnales para sembrar actitudes y conductas negativas, el Señor también fortalece su carácter, su resistencia y su fe en él. Él edifica un sentido de calidad en su vida.

¿Qué decisión tomará?

Sus actitudes y conductas hacia los demás pueden ser expresiones de corrupción, deterioro y muerte, o expresiones de vida.

Tales actitudes y comportamientos pueden tener impacto negativo o positivo en su vida.

Esas actitudes y conductas pueden producir destrucción o crear buenos productos, buen servicio y buenas relaciones.

Desde el momento en que usted es salvo, toda buena obra que hace, y todo acto de servicio o ministración, es una acción que el Señor almacena en forma de recompensa celestial. Usted no puede ver aquí en la tierra todos los resultados materiales y tangibles de su siembra para el Espíritu. La mayoría de recompensas serán de carácter continuo, que se extienden hasta la eternidad. ¡Disfrutará los premios y bendiciones de Dios *para siempre*!

10

EL ÉXITO COMIENZA CON UNA IDEA

Mire a su alrededor. Todo lo que ve comenzó con un pensamiento. Si mira al mundo natural, cada planta, paisaje, animal, insecto o partícula de agua que ve fue primero un pensamiento en la mente de Dios. Si mira las cosas hechas por la humanidad, cada edificio, casa, automóvil o computadora fue primero un pensamiento en la mente de un hombre o una mujer. ¡Qué poder asombroso y creativo yace en la mente, el órgano del pensamiento!

Pocos de nosotros nos detenemos alguna vez a considerar el gran poder de nuestros pensamientos. La mayoría de nosotros no nos hemos detenido realmente a preguntarnos por qué pensamos de la manera en que lo hacemos, ni hemos reflexionado en la relación entre lo que pensamos de la vida y los subsiguientes sentimientos, actitudes y comportamientos. Esta es la realidad sencilla, obvia y a menudo pasada por alto: nuestros pensamientos de hoy determinan quiénes seremos mañana. La Biblia ha proclamado por miles de años: «Cual es su pensamiento en su corazón, tal es él» (Proverbios 23.7). Su vida actual es el resultado de lo que ha pensado a través de los años hasta este mismo instante.

Entonces, ¿cómo debe pensar para convertirse en la persona que Dios quiere que sea, y cómo debe pensar mientras establece sus metas y se dedica a cumplirlas? Usted debe pensar como Jesús piensa. Pablo dijo a los filipenses: «Haya en vosotros este sentir que hubo también en Cristo Jesús» (Filipensese 2.5).

En el capítulo anterior hablamos de la importancia de nutrir nuestras mentes con cosas realmente dignas de pensar en ellas. Pablo animó a los filipenses a meditar —reflexionar, hacer hincapié o pensar— en cosas que sean:

- verdaderas
- honestas
- justas
- puras
- amables
- de buen nombre
- virtuosas
- dignas de alabanza

El apóstol hizo un enfoque diferente cuando escribió a los colosenses. En lugar de decirles qué poner en su pensamiento, los amonestó sobre lo que debían erradicar de este. Les dijo:

Haced morir lo terrenal en vosotros: fornicación, impureza, pasiones desordenadas, malos deseos y avaricia, que es idolatría; cosas por las cuales la ira de Dios viene sobre los hijos de desobediencia, en las cuales vosotros también anduvisteis en otro tiempo cuando vivías en ellas. Pero ahora dejad también vosotros todas estas cosas: ira, enojo, malicia, blasfemia, palabras deshonestas de vuestra boca. No mintáis los unos a los otros, habiéndoos despojado del viejo hombre con sus hechos, y revestido del nuevo, el cual conforme a la imagen del que lo creó se va renovando hasta el conocimiento pleno. (Colosenses 3.5-10)

Por medio de sus epístolas, Pablo nos llamó constantemente a enfrentar el hecho de que debemos vivir de modo diferente al mundo, y a la manera en que vivíamos antes de nacer de nuevo. Esta diferencia no debe relacionarse solo con lo que hacemos, sino también con qué pensamos y cómo pensamos, lo cual incluye nuestras opiniones, creencias y actitudes.

Pablo instó a los colosenses a dejar los deseos malvados, codicia, ira, enojo y malicia en el corazón y la mente. Él sabía que aquello en lo que pensamos frecuente y constantemente —en otras palabras, los pensamientos que nos entretienen— se convierte en acciones de conducta. Nuestros pensamientos y comportamientos determinan nuestro carácter. Este a su vez impacta en gran manera nuestras decisiones, y nuestras decisiones determinan nuestro nivel de éxito.

En consecuencia, la mente actúa como la dirección hidráulica para el triunfo. Adonde dirigimos nuestros pensamientos es generalmente el lugar en que terminamos; este puede ser un destino divino o una zanja de pecados y errores a un lado de la autopista de la vida.

Cuando se presentan las oportunidades y los retos, usted podría decir: «Necesito pensar en esto» o «pensaré en esto un poco». Sin embargo, ¿cómo es que realmente *piensa* con relación a una decisión? Lo hace de acuerdo a la manera en que ha estado pensando y respondiendo a la vida en el pasado, a menudo durante años. Usted toma decisiones según patrones de pensamiento que ha desarrollado. Estos patrones de pensamiento se alimentan con lo que usted pone en su mente a través de los sentidos. Sus pensamientos se basan en lo que decide percibir. Cuando usted le pone atención a algo, y luego alimenta esa atención con repetida exposición, meditación e imaginación, termina en un pozo de información del cual extrae sus pensamientos.

¿Cómo piensa de usted mismo?

Necesitamos considerar especialmente los pensamientos que hemos desarrollado a través de los años acerca de nosotros mismos. Muchas personas se despiertan cada mañana y pasan sus días con la sensación constante y fastidiosa: *No me siento nada bien respecto a mí mismo.* Esa emoción es el origen directo de uno o más de estos pensamientos: *No pienso que merezco nada. No me creo valioso. Considero que no soy tan bueno como la persona que tengo a mi lado. No creo que mi vida importe. Pienso que no cumplo las expectativas de otros ni las que tengo para mí mismo.*

En realidad, la manera en que piense o sienta acerca de sí mismo se proyectará en el modo en que se comporte. Esto se manifestará en la forma de vestir y cuidar de su apariencia personal. Se manifestará en su vocabulario, generalmente en forma de críticas y comentarios negativos por todo, desde el clima hasta el jefe, el ambiente laboral y sus compañeros de trabajo. Se manifestará en su lenguaje corporal: quizás dar la mano sin energía, caminar con hombros, cabeza u ojos caídos, y mantener una expresión triste. Se manifestará en su comportamiento en el trabajo; si no se valora a sí mismo, posiblemente no valorará el trabajo que hace. En consecuencia, lo más probable es que rinda mucho menos de lo que puede hacer y con menor calidad.

En muchos casos, la forma en que piensa de usted también se manifestará en su salud. Considere su primera reacción cuando alguien le dice: «No luces muy bien hoy. ¿Estás enfermo?» Tal vez se mire al espejo o se enfoque en usted y cavile sobre lo que podría estar mal. Al poco rato llega a la conclusión: *Bueno, debe haber algo mal o esa persona no me habría dicho lo que dijo* y comienza a pensar y a actuar como un individuo enfermo. Con el tiempo esta clase de pensamiento realmente *puede* llevarlo a hacer cosas que producen enfermedad o, al menos, que producen una mentalidad inválida. Cuando las personas empiezan a tratarlo como un enfermo o inválido, se disminuye enormemente su capacidad de hacer todo lo que Dios desea para usted.

¿Puede visualizar cómo su pensamiento se relaciona con el éxito? ¿Quién quiere trabajar con una persona que se menosprecia, que siempre parece negativa, y cuyo trabajo no es de primera calidad? ¿Quién desea dar un ascenso a tal clase de sujeto o darle una emocionante oportunidad para crecer y tener más éxito? ¿Quién quiere dar beneficios especiales o premios a un individuo que continuamente se queja de sentirse enfermo?

Cuando cambia la manera en la que piensa de usted mismo, con frecuencia cambian las circunstancias que lo rodean.

Considere por un momento a alguien que piensa de sí mismo: *Tengo una personalidad agradable. Dios me ha dado dones exclusivos. He desarrollado habilidades con la ayuda de Dios. Amo al Señor y él me acepta como su hijo amado. Dios es bueno conmigo; es más, tengo ansias de ver lo que tiene hoy para mí. Tengo una gran imaginación y soy un buen conversador. Soy bueno en mi trabajo y cada vez lo hago mejor.*

¿Cómo respondería ante esta persona? En primer lugar, es muy probable que tienda a acercársele debido a su positivismo acerca de la vida. Si trabajan juntos, querrá trabajar en equipo con él. Si trabaja para usted, querrá ayudarle a crecer en todo su potencial. Esta persona está destinada a tener gran éxito debido a cómo piensa acerca de sí misma.

El sujeto que se siente inferior tenderá a evitar a los demás, y no logrará hacer la venta.

El rezongón alejará a las personas, y perderá la oportunidad de hacer buenas amistades.

Quien está enojado todo el tiempo repelerá a los demás, incluyendo a quienes están en posición de ascenderlo y darle aumentos.

El que se siente rechazado y abatido tendrá dificultades para testificar a alguien acerca de la total aceptación que Dios ofrece a través de Jesucristo.

¿Qué está diciendo sobre sus circunstancias?

¿Cuál es su primera reacción al entrar a la cocina o a la sala en la mañana? ¿Se descubre diciendo: «este lugar es un desastre», o dice: «aquí me siento cómodo y totalmente tranquilo?»

¿Cuál es su primera reacción al entrar en su lugar de trabajo? Si usted es el dueño, ¿se sorprende diciendo: «A la verdad que quisiera tener mejores trabajadores?» Si usted es un empleado, ¿se descubre diciendo: «Me gustaría trabajar con otra persona»?

Lo que piensa sobre su entorno —hogar, trabajo, vecindario— afectará su comportamiento. Influirá en el modo en que trate los artículos materiales que lo rodean: sus posesiones, su casa o apartamento, el equipo de trabajo, los suministros de la empresa, etc.

Lo que piensa sobre su ambiente influirá también en la manera en que habla a las personas que comparten ese ambiente con usted: cónyuge, hijos, jefe, colegas, compañeros de trabajo, clientes, pacientes, vendedores, estudiantes, parroquianos.

¿Qué piensa de las otras personas?

Sus pensamientos determinan sus relaciones.

¿Quiere llegar a conocer mejor a quien siempre está contando chistes vulgares o haciendo comentarios raciales?

¿Desea cultivar una relación con alguien que siempre tiene el ceño fruncido?

¿Anhela compartir su vida privada con alguien que siempre está criticando?

¿Quiere estar al lado de una persona que tiene arranques de ira constantes?

¿Ve algún futuro en tener relación con alguien que no tiene sus mismas creencias acerca de Jesucristo?

Un viejo refrán dice: «Dime con quién andas y te diré quien eres». Esto es muy cierto: la gente que piensa igual tiende a juntarse. Se agrupan de acuerdo a sus creencias, normas de pensamiento, perspectivas de vida y actitudes. No es extraño que vecindarios enteros reflejen una opinión generalizada acerca de la política, religión o expresión cultural. ¿Por qué? Porque las ideas resultan en conversaciones y conductas, y quienes no encajan en la norma del grupo tienden a alejarse o a aislarse.

Si le preocupa una relación, revise su pensamiento. ¿Qué está pensando? ¿Cómo difiere su pensamiento del de esa persona?

¿Qué piensa acerca de Dios?

¿Está consciente de que sus pensamientos también determinan su relación con Dios? Si piensa en Dios como un juez que lleva continuamente un registro de su conducta y lo juzga culpable o indigno en todo momento, ¿querrá en verdad pasar tiempo con él, orando y meditando tranquilamente en su Palabra?

Por otra parte, si piensa en Dios como un Padre amoroso, lo más probable es que anhele invertir tiempo leyendo su Palabra y comunicándose con él.

Lo que piense sobre Dios también influirá en su relación con la iglesia. Si considera a Jesús como la cabeza de la iglesia, y cree que ella es el cuerpo de Cristo, tendrá una relación con la iglesia muy diferente a la que tendría si la considerara un club social al que pertenece.

Si hiciera hoy una lista de diez palabras que describieran lo que piensa de sí mismo, ¿cuáles escogería? Escríbalas en una hoja de papel que nadie más vea.

¿Cuál es el perfil de pensamiento que tiene de su persona?

Ahora haga una lista de diez palabras que describan su opinión de Dios.

Lo más probable es que vea una relación definitiva entre las dos listas. La persona que tiene un perfil de pensamiento positivo sobre Dios tiene por lo general un perfil de pensamiento positivo de sí misma. Quien se menosprecia a sí mismo tiende a sentirse negativo acerca de Dios.

¡Revise sus pensamientos! Estos se relacionan directamente con su fe.

¿Qué piensa de su familia y de sus hijos?

Usted tratará a su cónyuge según la manera en que piensa de él o de ella. Si piensa que su cónyuge es indigno de su amor y cariño, que lo decepciona, que es vago, perezoso o un fanfarrón presumido, lo tratará de acuerdo a esto; generalmente con rechazo, desdén, ira o falta de perdón. Su conducta abrirá una brecha entre ambos.

Por otra parte, si piensa que su cónyuge es un regalo del Señor para usted, un hijo amado de Dios que se está desarrollando y creciendo de acuerdo con el plan divino, y alguien que comete errores pero que trata de superarlos; lo tratará con mucha más amabilidad, generosidad, cariño, aceptación y perdón.

¿Con qué categoría de actitudes y comportamientos quiere vivir en su matrimonio?

El mismo principio se aplica a su relación con sus hijos. Cómo piense de ellos determinará cómo les habla, qué les da y cómo los trata.

Mi padrastro tenía muy claro lo que pensaba de mí: no valía nada, era una molestia y mi presencia no era grata. Nunca me dijo una palabra positiva ni de ánimo, nunca me dio nada ni decidió pasar tiempo conmigo. ¿El resultado? No tuvimos relación. Es un triste hecho de mi infancia, pero es una realidad.

La manera en que pensamos unos de otros en la familia resulta en nuestra propia definición familiar: unidos o distanciados, comprensivos o indiferentes, llenos de amor o de rencor, alegres o tensos por la obligación.

Pregúntese: ¿Qué clase de pensamientos estoy plantando en la mente de mi hijo acerca de sí mismo, acerca de mí como padre y acerca de nuestra familia? Una encuesta entre prisioneros reveló que los padres de casi todos les dijeron en algún momento: «Lo más seguro es que un día de estos irás a parar a la cárcel».

Decida plantar pensamientos positivos, que edifiquen y refuercen la fe en la mente de sus hijos. Hábleles del amor que Dios les tiene y del futuro maravilloso y lleno de propósito que el Señor ha planificado para ellos. Hábleles del plan divino para su familia y de su creencia de que Dios lo ama a usted, a ellos y a cada miembro de su familia con un amor incondicional, inconmensurable e inmenso.

Las limitaciones del pensamiento positivo

Quizás podría estar pensando: «Entonces, Dr. Stanley, ¿ me está recomendando el pensamiento positivo; la idea de que las actitudes y los pensamientos positivos resultarán automáticamente en triunfos y recompensas positivas? No, y déjeme explicarle por qué no creo que el pensamiento positivo produzca éxito automáticamente.

Primero, el pensamiento positivo debe estar arraigado en lo que Dios dice acerca de usted y no en lo que usted dice acerca de sí mismo. Cien veces al día, por el resto de su vida, podría mirarse en un espejo y decir: «Soy el más grande», y sin embargo no tener éxito en conseguir las metas que Dios tiene para su vida. ¿Por qué? Porque está tratando de ajustar su actitud de acuerdo a lo que piensa y no en la Palabra de Dios. Por otra parte, si se recuerda a sí mismo la verdad divina y cree firmemente en ella, cree que el Señor lo ama, cree que lo ha equipado con capacidades y destrezas específicas, y cree que él siempre está presente para ayudarle en cualquier circunstancia, entonces lo que usted se diga y lo que diga a los demás acerca de sí mismo tendrá sus raíces en la verdad. Esa verdad es precursora de una conducta de triunfo.

Segundo, el pensamiento positivo debe estar vinculado a una conducta positiva, para que se produzca el éxito. La conducta positiva es diligencia, sinceridad, confiabilidad, cariño, amabilidad, generosidad, persistencia y alegría. Usted puede pensar de sí mismo que es admirable —y quizás tenga razón—, pero no tendrá éxito si fracasa o no hace lo que el Señor ha puesto delante de usted.

Un hombre puede mirar todo el día un pedazo de terreno y decir o pensar cada cinco minutos: *soy un hijo de Dios y un hábil cavador de zanjas*, pero no habrá ninguna zanja si no toma una pala y comienza a cavar. Además, no recibirá paga alguna por su trabajo.

Tercero, el pensamiento positivo nunca debe convertirse en una justificación para albergar o no confrontar el pecado y la maldad. Usted debe tener la capacidad de separar lo que piensa sobre lo que alguien hace, de lo que piensa sobre quien lo hace. Es muy posible amar al pecador y aborrecer al pecado.

En esto también el apóstol Pablo es un buen ejemplo. Pablo parecía estar constantemente en posición de confrontar el mal. Dondequiera que iba sufría persecución por defender el evangelio frente a quienes se oponían a él. Hablaba firmemente contra el pecado. Sin embargo, amaba profundamente a las personas. En sus epístolas se dirigió a los creyentes como a sus hijos amados en el Señor, y los animó constantemente a amarse y servirse unos a otros. Usted se puede oponer al pecado y al mismo tiempo amar a quienes lo persiguen, lo ridiculizan, lo critican o lo lastiman.

No obstante, dadas estas limitaciones, también debe llegar a las siguientes conclusiones:

- El pensamiento positivo que se arraiga en lo que Dios dice acerca de una persona puede ser sumamente poderoso y eficaz .
- El pensamiento positivo es un gran motivador hacia la conducta

positiva. Si una persona tiene pensamientos positivos, lo más probable es que su comportamiento sea positivo.

- El pensamiento positivo debe ser siempre su manera de pensar sobre el futuro de alguien, incluyendo su propio futuro en el Señor. Jesús enseñó que siempre debemos tener la esperanza de redención para otra persona, a pesar de su conducta. Él dijo: «No juzguéis, y no seréis juzgados; no condenéis, y no seréis condenados; perdonad, y seréis perdonados» (Lucas 6.37). Nunca piense que alguien está fuera del alcance de los brazos eternos, de la misericordia y del perdón de Dios.

El desafío divino de pensar positivamente

¿Está siempre garantizada una respuesta negativa a la vida que Dios establece ante usted?

No.

De todos los personajes del Nuevo Testamento, quizás el apóstol Pablo fue quien tuvo las mayores razones para desarrollar un pensamiento negativo. Enfrentó un sinnúmero de situaciones y respuestas negativas a su predicación del evangelio. Pasó los últimos años de su vida en prisión, la mayor parte del tiempo encadenado a soldados romanos. ¿Tenía Pablo un modo de pensar negativo? Lea lo que escribió a los filipenses desde su celda en la cárcel de Roma:

En gran manera me gocé en el Señor de que ya al fin habéis revivido vuestro cuidado de mí; de lo cual también estabais solícitos, pero os faltaba la oportunidad. No lo digo porque tenga escasez, pues he aprendido a contentarme, cualquiera que sea mi situación. Sé vivir humildemente, y sé tener abundancia; en todo y por todo estoy enseñado, así para estar saciado como para tener hambre, así para tener abundancia como para padecer necesidad. Todo lo puedo en Cristo que me fortalece [...] Todo lo he recibido, y tengo abundancia; estoy lleno, habiendo recibido de Epafrodito lo que enviasteis; olor fragante, sacrificio acepto, agradable a Dios. Mi Dios, pues, suplirá todo lo que os falta conforme a sus riquezas en gloria en Cristo Jesús. (Filipenses 4.10-13, 18-19).

Pablo estaba en prisión, sin embargo escribió con una actitud de agradecimiento, ánimo, satisfacción y fe en que el Señor supliría no solo sus necesidades sino también las de los filipenses. El apóstol decidió pensar a la manera de Dios —que la adversidad no significa derrota— y prefirió creer todo el tiempo en lo mejor y más elevado de Dios. Decidió pensar en términos de éxito piadoso.

Pablo se enfocó en las buenas oportunidades que había a su alrededor y que creía que aún estaban delante de él. No escribió a los filipenses acerca de cuán fría, oscura o húmeda podría ser de vez en cuando su celda. No escribió acerca de lo que perdió ni de lo que le hubiera gustado tener. Tampoco escribió sobre cuán injustas habían sido las acusaciones contra él o sobre la muerte que iba a enfrentar. ¡No! Escribió una carta vivificadora, alegre y llena de fe.

¿Era Pablo un idealista o un soñador? No. Era realista. No negaba que enfrentaba problemas ni que estaba preso. Reconocía, como nosotros debemos hacerlo, que la vida nunca es totalmente negativa ni totalmente positiva. Podemos elegir en qué lado de la vida vamos pensar, creer y a apuntar.

La programación y reprogramación de su mente

Como parte de las resoluciones de año nuevo, muchas personas toman decisiones de cambiar algo acerca de sus vidas. Luego se desilusionan cuando comprenden que no han mantenido sus resoluciones por una semana, dos semanas o un mes más tarde.

¿Por qué encontramos tan difícil mantener nuestras resoluciones de cambiar nuestra conducta? Porque no hemos tomado la decisión más básica de cambiar los hábitos de pensamiento que hemos desarrollado a través de los años. Como dije antes, nuestras actitudes y pensamientos generan nuestras acciones. Ellos determinan nuestro comportamiento. Esta es una ley básica que Dios ha puesto en la naturaleza humana, y no podemos cambiar las leyes divinas acerca de la naturaleza humana. Sin embargo, podemos cambiar nuestros hábitos de pensar y poner en movimiento un nuevo ciclo de pensamiento y conducta. La voluntad anula los pensamientos. Podemos decidir tener nuevos pensamientos y, a la vez, comportarnos de una mejor manera.

Si no le gusta la manera en que está viviendo ahora, o si no le gusta la dirección que aparentemente está tomando su vida, eche una mirada a lo que piensa de la vida. Analice sus patrones de pensamiento. Puede escoger dar un giro hacia lo mejor, y hacia Dios, en su manera de pensar. Puede decidirse por el éxito.

La fe es la raíz

Quizás esté diciendo: «Dr. Stanley, ¿está recomendando la mente sobre la materia? ¿está diciendo que si pienso positivamente todos mis asuntos se volverán positivos?» No. Los pensamientos positivos por sí solos no son suficientes.

En gran medida, la mente *está* sobre la materia. Lo que usted piensa le da control sobre el mundo material. Pero lo grandioso de esto es que *el espíritu debe estar sobre la mente*. Su espíritu debe gobernar lo que decide pensar y, en consecuencia, sobre cómo decide relacionarse con el mundo material. Su fe debe estar en la raíz de sus ideas, metas, sueños, aspiraciones y esperanzas. La mente toma entonces tales ideas, metas y sueños nacidos de la fe y los desarrolla en forma de planes, programas y agendas. Cuando usted ejecuta sus planes, programas y agendas, está influyendo en el mundo que lo rodea. El punto de inicio no es la mente sobre la materia, ¡es el espíritu sobre la mente!

Alinie su pensamiento con la Palabra y el amor de Dios

Muchos de nosotros debemos reprogramar nuestro pensamiento para alinearlo con la Palabra de Dios y con el amor que el Señor nos tiene.

Hace años me dijo una mujer en mi iglesia: «Cuando me criaba, mi padre me dijo: "Cariño, eres tan buena como los demás, y eres superior a los mejores"». Esta digna, alta y hermosa mujer se encontraba en sus ochenta cuando me dijo eso, y estaba muy segura de sí misma. Puedo asegurar que no había olvidado, y nunca olvidaría, lo que su padre le dijo. Él había programado muy bien el pensamiento de ella.

Alguien ha programado nuestro pensamiento. Nuestros padres, profesores, pastores, maestros de escuela dominical, amigos e incluso nuestros enemigos han programado cosas dentro de nuestro pensamiento. Los medios de comunicación, además de las opiniones y conversaciones generales que escuchamos en nuestra sociedad, programan nuestro modo de pensar. ¿Cuántas personas compran productos basándose en lo que oyen en la radio y ven en la televisión?

Algunas de las maneras en las que ha sido programado son buenas y continúan siéndolo. Otras son malas. Es decisión suya, como un adulto responsable de su vida, tomar decisiones basándose en la programación pasada o presente de sus pensamientos. Usted debe hacerse cargo de su vida de pensamiento. Sería muy insensato si continúa diciendo: «Bueno, sencillamente así fue como mis padres me criaron» o «esa es solo la manera en que todo el mundo piensa».

El hecho es que a Dios *no* le agradan algunas de las formas en las que han programado su pensamiento. Algunos de sus pensamientos y opiniones no están alineados con los pensamientos y las opiniones que el Señor tiene de usted. Algunas de las maneras en las que sigue programando su mente no están de acuerdo con el modo que Dios desea que piense.

Pablo escribió a los romanos:

Hermanos, os ruego por las misericordias de Dios, que presentéis vuestros cuerpos en sacrificio vivo, santo, agradable a Dios, que es vuestro culto racional. No os conforméis a este siglo, sino transformaos por medio de la renovación de vuestro entendimiento, para que comprobéis cuál sea la buena voluntad de Dios, agradable y perfecta (Romanos 12.1-2).

La transformación de su mente para conformarse a las cosas de Dios es responsabilidad suya, y de nadie más. Es asunto suyo *comprobar* qué es bueno y agradable ante Dios, además de conocer y vivir la perfecta voluntad del Señor. Pablo lo dijo muy claramente: «Ya no sigas permitiendo que el mundo te moldee»

La palabra griega para «renovar» la mente significa «hacer un cambio». Renovar la mente es literalmente cambiar el modo en que pensamos.

Piense por un momento en la manera en que vivía antes de nacer de nuevo. Aunque esto haya sucedido siendo niño, sin duda puede recordar ciertas actitudes y creencias. Casi todo el mundo recuerda haber tenido cierto temor o pavor acerca de Dios antes de ser salvo. La mayoría de las personas logran recordar que tenían dudas, ira o pensamientos impuros de autojustificación. Pablo dijo que esas formas de pensamientos deben salir de nosotros. Usted puede cambiar la manera en que piensa acerca de Dios, de sí mismo y de su prójimo, para que sus pensamientos ya no estén arraigados en el miedo, la aprensión hacia Dios, la duda, la ira, la impureza o la autojustificación. Debe experimentar una *transformación* en sus hábitos de pensar.

Pero usted podría decir: «Es que pienso igual a como solía pensar. No hay diferencia entre la forma en que pensaba antes de ser salvo y ahora». Amigo, le animo a reevaluar su experiencia de salvación. La vida cristiana demanda una forma de pensar totalmente distinta al modo en que piensa el mundo. Mientras más camine en su vida cristiana, más comprenderá a Dios, a usted mismo y a los demás, y más desafíos tendrá para cambiar su pensamiento.

Lo que puede hacer para reprogramar su pensamiento

Dios le ha dado el poder para hacer varias cosas para mejorar su vida de pensamiento. De esta manera sus pensamientos estarán alineados con lo que Dios piensa de usted y con los planes que le ofrece.

Primero, puede escoger rechazar los pensamientos pecaminosos y que, por consiguiente, aprisionan su mente. Puede negarse a pensar en las cosas que esclavizan su espíritu. Puede rechazar los pensamientos que roban su libertad y sus sueños de buscar el plan de Dios para su vida.

Usted no puede evitar algunos impulsos e imágenes. Sus ojos se toparán con injusticias. Oirá cosas perversas. Se encontrará involuntariamente en situaciones desagradables y pecaminosas. Sin embargo, no debe permanecer en tales situaciones ni dar cabida a lo perverso que ve y oye.

Tome acción inmediata. Mire hacia otra parte. Cierre los ojos. Cambie de canal. Tire la revista a la basura. Aléjese. Dé una excusa y salga del salón. No permanezca en un ambiente donde la presencia diabólica presiona sus sentidos.

Nadie puede controlar totalmente los pensamientos que penetran en su mente. Pero sí es posible hacerse cargo de ellos. Una persona tiene la alternativa de decir: «Me niego a pensar en eso», o «no reflexionaré en eso». No es pecado tener un pensamiento de lujuria, odio o deshonestidad, pero *sí* es pecado entretener a propósito el pensamiento, embelesarse con él, cavilar en él o llevarlo a la acción.

Pida inmediatamente al Señor que lo limpie de lo que ha visto, oído o experimentado. Pídale que lo ayude a borrar de su mente todo recuerdo o experiencia de ese momento, de tal manera que no influya en sus conversaciones o comportamientos futuros.

Y luego niéguese a hablar del mal que ha enfrentado. Cuando habla de lo que ha experimentado, refuerza esa idea en su mente y extiende el mal a una persona que no lo enfrentó. No repita el chiste vulgar, el comentario negativo, el chisme crítico o el rumor potencialmente dañino.

Y para terminar, no recuerde la experiencia. No se dé el lujo de fantasear o pensar en las imágenes que vio, las cosas que oyó o las sensaciones que tuvo. Usted tiene la capacidad de *escoger* lo que pensará. Ejerza ese privilegio que Dios le ha dado.

Segundo, sumérjase en la Palabra de Dios. El salmista dijo:

En mi corazón he guardado tus dichos, para no pecar contra ti. (Salmos 119.11)

Mientras más lea, estudie, reflexione y memorice la Palabra de Dios, más alineados estarán sus pensamientos con la verdad bíblica.

Usted debe tener diariamente «una dieta de pensamientos» de la Palabra de Dios. Leerla al menos una vez al día no solo es una buena idea sino que es la *mejor* idea y hábito que puede desarrollar cuando se trata de renovar la mente.

Mientras más lea la Biblia, más descubrirá que está llena de «pensamientos de éxito». Todos los principios del verdadero éxito vienen de ella. La Palabra de Dios es el libro más positivo y más orientado al éxito que usted puede leer. Le enseñará, por medio de instrucción directa y de ejemplos de hombres y mujeres a través de los siglos, cómo desarrollar las características necesarias para triunfar: generosidad, disciplina, sabiduría, discernimiento, vida justa, fe, trabajo diligente, buena disposición para escuchar a Dios, valor y persistencia.

La Biblia le dice directamente lo que debe *dejar* de hacer: «Ira, enojo, malicia, blasfemia, palabras deshonestas [...] No mintáis los unos a los otros» (Colosenses 3.8-9). También le dice lo que debe *comenzar* a hacer: «Vestíos de entrañable misericordia, de benignidad, de humildad, de mansedumbre, de paciencia; soportándoos unos a otros, y perdonándoos unos a otros» (vv. 12-13).

La Biblia transmite maneras prácticas de sobrellevar las dificultades y privaciones. Le enseña a relacionarse con el Padre celestial y con las demás personas. Le enseña a actuar con amabilidad y mansedumbre. Le enseña a desarrollar un espíritu de siervo y a descubrir el propósito de Dios para su vida. Todo esto se relaciona directamente con el éxito.

Tercero, todos los días pase algunos momentos con el Señor. Usted debe desarrollar, en su vida de oración, la capacidad de escuchar a Dios, y no solo de hacerle peticiones. También debe escuchar lo que está diciendo al Señor. ¿Qué está pidiendo? ¿Qué le está diciendo acerca de usted? ¿Están sus oraciones formuladas en términos de alabanza y acción de gracias? ¿Se acerca a Dios con una actitud positiva y llena de fe?

Pida a Dios que le ayude en la renovación de su mente. Pídale que le recuerde su Palabra exactamente cuando la necesita. Invítelo a participar en cada decisión que tome.

Cuarto, comience a agradecer al Señor por las actitudes y pensamientos positivos que desea desarrollar en su vida.

Mientras crecía, no permití seriamente que la verdad del amor de Dios hacia mí entrara en mi mente. Veía al Señor como un juez. Estaba seguro de que había provisto en Jesucristo un Salvador para mí, y creía en Jesús. Creía que Dios me cuidaría, me sustentaría y me ayudaría. ¿Pero amarme? Ese era un pensamiento extraño para mí.

No fue hasta que llegué a la edad adulta, a través de una serie de experiencias, que tuve una comprensión profunda e interna de que Dios en verdad me amaba de manera infinita, incondicional, dulce y completa. Aunque había predicado el amor de Dios por muchos años, en realidad no había programado mi mente para conocer ese amor ni para pensar y responder a la vida desde una perspectiva de hijo amado de Dios.

¿Cómo cambié mi pensamiento? Me acostaba en la noche diciendo: «Señor, te agradezco por amarme». Cuando despertaba en la mañana, decía: «Señor, te doy gracias por amarme». ¿Sentía siempre el amor de Dios cuando expresaba estas palabras? No. Sin embargo, sabía que eran palabras verdaderas, que el amor del Señor por mí era real, y que pensar en el amor de Dios era una norma buena y verdadera para mi vida.

Persistí en repetir esta afirmación, y con el tiempo, sucedió algo sumamente asombroso. Comencé a sentir el amor de Dios. Empecé a sentirme envuelto en su amor de pies a cabeza, todo el día. Comencé a pensar, a hablar y a responder a la vida como una persona amada por Dios. Mis actitudes empezaron a renovarse con el amor del Señor. Mis palabras y mi conducta se volvieron más amorosas. Comencé a vivir libre de la terrible esclavitud de pensar erróneamente en Dios como un juez severo y un distante observador de mi vida.

¿Todavía digo cada noche y cada mañana: «Señor, gracias por amarme»? No. Lo hago algunas noches y algunas mañanas. Pero ya no necesito desarrollar este patrón de pensamiento. Está establecido. Vivo en él. Respondo a la vida desde la perspectiva de alguien que se sabe amado más allá de cualquier medida.

¿Es esto autohipnosis o autodefinición? No. Es renovar la mente de tal manera que esté alineada con la verdad divina. Es reemplazar la programación negativa del pasado. Es establecer la verdad en lugar del error. Es hablar a su mente lo que *Dios* dice, en vez de lo que el diablo le estuvo diciendo por años.

Conozco un hombre que en su juventud fue un gángster declarado. Sería difícil enumerar muchas cosas malas que no haya hecho cuando era joven. Estaba totalmente inclinado en una dirección: hacia el infierno. ¿Dónde comenzó el cambio en la vida de este hombre? En su pensamiento. Un día empezó a pensar: *Si continúo viviendo de este modo voy a terminar como todos mis compañeros: muerto y en el infierno*. Comenzó a reflexionar cómo sería arder en el infierno. E hizo un cambio que comenzó con este pensamiento: *No deseo vivir como he estado viviendo*.

Luego este hombre empezó a pensar: *¿Podrá Dios cambiarme? ¿Me* *podrá amar y perdonar?* Mientras más iba a la iglesia y leía la Biblia, más se convencía de que el Señor podía perdonarlo y cambiarlo. Se volvió hacia Dios, y a través de los años, se comprometió con la renovación de su mente, de tal manera que hoy día piensa como Dios piensa, y decide actuar como Dios desea que actúe. Su vida se ha transformado por completo; fue una transformación que comenzó en su pensamiento.

El mundo recomienda una forma de renovación de la mente llamada *autosugestión*. Es decir, una persona se sugiere a sí misma distintas cosas. Me parece que en lugar de los *diez mandamientos de Dios*. Todos los días leo la Palabra de Dios en busca de lo que él me dice que haga, incluyendo cómo pensar. Busco las instrucciones divinas que se relacionan con mis creencias, actitudes, sentimientos, respuestas y comportamientos. Estas son las cosas quiero decirme a mí mismo: «Dios me dice: "Charles Stanley, te amo"»; «Dios me dice: "Charles Stanley, quiero que perdones a esa persona que te ofendió"»; «Dios me dice: "Charles Stanley, deseo que tengas valor y fortaleza mientras pasas por esta batalla espiritual"».

Si lleno mi mente con lo que Dios dice, la lleno con la verdad. La lleno con bondad; es más, con la bondad absoluta de la presencia y el amor del Señor. No me sugiero cosas que podría esperar en la carne. Por el contrario, declaro los mandatos de Dios.

La prioridad de un cristiano siempre debería ser conocer a Dios y andar en sus caminos. Siempre busco algo que no conozco o que no entiendo acerca del Señor. Siempre busco sus mandamientos directos para *mí*.

Cuando usted permite que la verdad domine su mente, comienza realmente a caminar de la manera en que el Espíritu Santo anhela que camine. Pídale hoy al Señor que le dé una clara comprensión de lo siguiente:

- Dinero y economía
- Matrimonio

- Familia
- Negocios
- Ministerio
- Amistades
- Posesiones materiales
- De sí mismo; sus capacidades, habilidades y sueños

Pida hoy al Señor que le dé pensamientos claros acerca de las decisiones que enfrenta.

Pídale a Dios hoy que le dé *sus* ideas y creatividad.

Quinto, tome acciones preventivas al decidir involucrarse en relaciones y actividades positivas. Escoja asociarse con individuos y grupos que muestren buen carácter y rectitud ante Dios.

Involúcrese en un estudio bíblico, un grupo de compañerismo en un hogar o en un ministerio de evangelización, en vez de tirarse en el sofá para ver programas violentos o chistes vulgares. Vaya a la iglesia en vez del club o el bar. Prefiera hacer lo positivo. Usted tiene el poder de tomar decisiones acerca de cómo gastar su tiempo, dinero y energía mental. Así lo escribió Pablo a los colosenses: «Poned la mira en las cosas de arriba, no en las de la tierra» (Colosenses 3.2).

En cualquier momento determinado, usted puede tomar la decisión de redirigir sus pensamientos hacia lo que ha leído en la Biblia. Cierre los ojos y enfoque su vista espiritual en Jesús. Como muy bien dice el antiguo cántico *gospel*: «Lo terrenal se verá muy difuso a la luz de su gloria y su gracia».

Sexto, pídale al Señor que le ayude a controlar su modo de hablar. Muchas personas tienen el hábito de decir cosas negativas acerca de sí mismas y de los demás. Ya no reconocen lo que hacen o lo que refuerzan en sus mentes. ¡Escúchese atentamente!

A quien más influyen estos comentarios negativos es al que los hace. El oído es generalmente el sentido más cercano a las palabras que salen de la boca. No se convierta en una víctima del reciclaje de sus palabras negativas.

Cada vez que se oiga decir algo negativo, degradante, crítico o severo acerca de usted mismo o de alguna otra persona, siga de inmediato estos pasos. Pida perdón al Señor por menospreciar o degradar el valor de los demás; él los creó y los ama con infinito amor, así como a usted. Diga de inmediato algo positivo acerca de usted o de la otra persona; encuentre algo agradable o digno de elogio. Agradezca a Dios porque la obra divina se está llevando a cabo en usted o en la otra persona. Reconozca que cada uno de nosotros es una obra en progreso y que el Señor está de modo presente y activo, tanto en su vida como en las de los demás.

Séptimo, al final del día pida a Dios que lo limpie de cualquier enojo, amargura o pensamiento malvado que haya albergado en la mente. Muchos pueden decir: «Bueno, me olvidaré del asunto por esta noche y me voy a dormir. Pensaré en él en la mañana». Al despertar la mañana siguiente, descubren que no han dormido bien. Toda la noche la mente subconsciente estuvo concentrada en los pensamientos que se aplazaron hasta la mañana. Pida al Señor que le dé paz en la noche, que lo ayude a perdonar y a dejar que las ansiedades, los problemas, las ofensas y las luchas del día se vayan. Pídale que llene su mente con los pensamientos de bondad que tiene para usted. Tome esto como un hábito diario y lo más seguro es que se sorprenda de lo bien que comienza a dormir y lo renovado que se siente al despertar cada día.

A menudo oro cuando me dispongo a dormir: «Señor, quiero agradecerte por el día de hoy. Te pido que mientras duermo tomes control de mi mente subconsciente y permitas que tu Espíritu Santo continúe obrando en mí, aun durante las horas nocturnas. Tú sabes qué necesito y qué ideas debo tener para realizar el trabajo que me has encomendado. Te pido que aun mientras duermo inicies el proceso de nacimiento de esas ideas».

En la mañana, con frecuencia me asombro porque los primeros

pensamientos que tengo son las ideas creativas que precisamente necesitaba para un sermón, un proyecto particular o para una decisión importante. Son ideas nacidas en la paz del Señor y en total sumisión de pensamiento al Espíritu Santo.

Hay ocasiones en que el Señor me despierta a las dos y media de la mañana con una idea tan diáfana como el cristal. Cuando eso ocurre, la escribo de inmediato y me vuelvo a dormir. No solo agradezco por la idea sino que también he descubierto que esas interrupciones del sueño no me hacen sentir cansado.

En contraste, si me permito irme a la cama preocupado por algo, mi mente continúa revolviendo ese asunto mientras mi cuerpo está tratando de dormir. Si despierto en medio de la noche, casi nunca tengo una respuesta, pues mi mente está aun enfrascada en el problema. Además, mientras más pienso en la situación en medio de la noche, más se preocupa mi mente. Rara vez me siento completamente fresco y descansado después de una noche como esta.

Cuando enfrente una duda, un problema, una decisión importante o un desafío, pida a Dios que lo analice por usted. Preséntele el problema antes de ir a dormir y dígale: «Esta noche estoy poniendo este asunto en tus manos. Ayúdame a dormir profundamente y en paz, sabiendo que estás en control de todas las situaciones y circunstancias de mi vida, incluyendo este problema. Te agradezco anticipadamente por la solución que me revelarás. Te agradezco por crear mi cuerpo para el trabajo y para el descanso. Te agradezco por crear mi mente para tomar decisiones y desarrollar ideas bajo la guía del Espíritu Santo. Me entrego totalmente a ti esta noche».

Invite al Señor a organizar y reorganizar el suministro sensorial y la información en su mente mientras duerme. Pídale que produzca en usted los pensamientos y la creatividad *de él*. Cuando despierte, busque las respuestas que quizás el Señor le haya dado en la noche.

Cree un nuevo ciclo

Todos conocemos individuos que se han vuelto adictos a ciertas cosas como pornografía, conducta sexual ilícita e inmoral, alcohol o drogas. ¿Dónde comenzaron esas adicciones? En sus mentes. Vieron algo, oyeron algo, experimentaron un anticipo de algo, y comenzaron a pensar en eso. Soñaron con eso. Se preguntaron cómo sería tener más de esa sustancia o de esa experiencia. Se imaginaron a sí mismos participando más y más en la conducta que habían probado. Su pensamiento dirigió su conducta. Mientras más se involucraron en la conducta en que habían estado pensando, más pensaban acerca de su propia conducta. El ciclo de pensar y comportarse se intensificó y se hizo más rutinario hasta que se volvieron adictos.

El ciclo se puede revertir. Usted puede tomar la decisión de enfocar sus pensamientos en las cosas celestiales e involucrarse en actos ministeriales y comportamientos que edifiquen su relación con el Señor. Mientras más participe en estos ministerios y conductas piadosas, más se inclinará su imaginación a pensar: *¿Qué más puedo hacer para el Señor?* Y mientras más intente responder esta pregunta, más involucrado estará en la búsqueda de cosas arraigadas en la justicia. Así puede establecer una manera positiva de pensar y un ciclo de acción.

Hace años me topé con este pequeño poema. Lo comparto con usted como un mensaje final de ánimo, a fin de que utilice su fe y su voluntad para tomar control de su vida de pensamiento:

Si cree estar derrotado, lo está.
Si piensa que no es capaz, no lo será.
Si le gustaría ganar, mas no cree que pueda, con seguridad no podrá.
Si piensas que perderá, ya perdió.

En el mundo sabemos que el éxito comienza con la voluntad. Todo es un estado mental.

Si piensa que es superior, lo es.
Debe pensar en grande para muy alto volar.

Debe estar muy seguro de sí mismo antes de ganar cualquier premio.
Las batallas de la vida no siempre las gana el más fuerte o el más veloz,
Pero tarde o temprano quien gana es quien cree que puede ganar.

11

EL USO DEL TIEMPO Y EL ÉXITO

No se puede separar el éxito de un uso adecuado del tiempo. Muchos intentan triunfar sin pensar para nada en el tiempo; sin embargo, quienes realmente logran el éxito han aprendido a respetar y honrar el tiempo en sus vidas.

El apóstol Pablo dijo esto acerca del manejo del tiempo: «Mirad con diligencia cómo andéis, no como necios sino como sabios, aprovechando bien el tiempo, porque los días son malos» (Efesios 5.15-16).

«Andar con diligencia» es ser cuidadoso en la manera de vivir. Pablo identificó dos estilos generales de vida: necio y sabio. Quienes tratan de vivir como sabios, usan sabiamente el tiempo. No descuentan minutos y horas ni piensan solo en términos de días y años. Han aprendido un principio clave para triunfar: *cada momento es importante.*

Pablo escribió a los gálatas: «No nos cansemos de hacer el bien [...] según tengamos oportunidad, hagamos bien a todos» (Gálatas 6.9-10). La palabra griega para «oportunidad» significa «sacar el mayor provecho del tiempo». El tiempo y la oportunidad están vitalmente vinculados al éxito.

Personalmente no conozco un verdadero triunfador que sea indiferente al uso del tiempo y a la agenda que mantiene. El individuo de éxito busca sacar lo más valioso de cada minuto, hora y día.

El tiempo: un regalo valiosísimo de Dios

Dios es quien nos da el tiempo. La vida es solo un espacio de tiempo que el Señor nos regala a cada uno de nosotros. Es un segmento de instantes sacado de la eternidad, en el cual debemos vivir en esta tierra y cumplir el plan y propósito que Dios tiene para nuestra vida. El salmista escribió:

> Mi embrión vieron tus ojos,
> Y en tu libro estaban escritas todas aquellas cosas
> Que fueron luego formadas,
> Sin faltar una de ellas. (Salmos 139.16)

Un punto muy importante que debemos considerar es que no sabemos la totalidad del tiempo que se nos ha asignado. Solo sabemos que en los designios del hombre está la muerte; al ser humano se le ha asignado un espacio de tiempo.

Además de ser un regalo y una cantidad desconocida, el tiempo es irrevocable. No podemos capturar los minutos perdidos ni revivirlos de una manera más significativa o apropiada. Ha habido ocasiones en mi vida en que he ido a la peluquería, y después de ver cómo el peluquero me ha recortado el cabello, he querido decirle: «¡Póngame el pelo otra vez!» No obstante, una vez cortado el cabello, ningún pegamento lo puede volver a adherir. Lo mismo pasa con el tiempo.

No puedo orar hoy lo que debí haber orado ayer. Hoy no puedo hacer mi lectura bíblica de ayer. No puedo regresar el tiempo ni asistir al culto dominical al que debí asistir. Una vez que el reloj hace su tictac ese segundo se ha ido. No hay forma de recapturarlo.

Usted no puede darme nada de su tiempo; yo no puedo prestarle parte del mío. Ni usted ni yo podemos revivir ninguna hora de nuestra existencia. Podemos usar y desperdiciar el tiempo, pero no podemos almacenarlo ni volverlo a vivir.

Saber que el tiempo es un regalo de Dios, que es irrevocable, y que no sabe lo que va a durar su vida, debería ser razón suficiente para valorar el tiempo en gran manera. Si no le queda tiempo, ¡tampoco le queda vida!

Es imposible saber dónde estamos en la programación de Dios para el mundo. Pero sabemos que el tiempo se está acabando. Jesús está a punto de regresar, y Dios dará fin al plan para esta época. No sabemos cuándo regresará Jesús; tampoco sabemos la cantidad de días que el Señor nos ha dado sobre la tierra. Pero sí sabemos que hoy estamos un día más cerca a la venida del Señor de lo que estábamos ayer. Sabemos además que él nos dice que velemos por su regreso y que seamos diligentes en nuestros esfuerzos de ganar almas y edificar el Cuerpo de Cristo mientras velamos. Romanos 14.10 nos advierte: «Todos compareceremos ante el tribunal de Cristo». Llegará el día en que daremos cuentas al Señor de cómo gastamos nuestro tiempo.

Por consiguiente, a la luz de estas características del tiempo, la pregunta que debe hacerse es: ¿Cómo puedo usar mis talentos y dones divinos en el tiempo que he recibido de él, para cumplir el propósito que él me dio? No es suficiente tener metas y dones. Debe ponerlos a trabajar en el contexto del tiempo.

Una urgencia acerca del tiempo

En toda la Biblia encontramos referencias a la brevedad de la vida y al rápido paso de nuestra existencia a través del tiempo. Job declaró: «Mis días fueron más veloces que la lanzadera del tejedor» (Job 7.6).

Cuando estaba en la universidad, durante el verano trabajaba en una fábrica de textiles. Las lanzaderas de los telares iban y venían tan rápido, que a duras penas se podían ver. Seguramente no se movían tan rápido en los tiempos de Job; sin embargo, pudo ver pasar los segundos de su vida exactamente como la lanzadera de un tejedor va y viene a través del telar.

Santiago escribió: «¿Qué es vuestra vida? Ciertamente es neblina que se aparece por un poco de tiempo, y luego se desvanece» (Santigo 4.14). Tenemos muy poco tiempo, pero desde la perspectiva de Dios, tenemos la cantidad de tiempo exacta para hacer lo que él nos ha encomendado.

En vez de descorazonarse por la brevedad de la vida, debería sentir el desafío de comprender el tiempo. Es imposible que alargue sus días, pero puede determinar en mayor grado la calidad y la productividad de su vida. Puede determinar su actitud hacia el tiempo y tomar decisiones relacionadas con su uso. Puede tratar de ser un mayordomo bueno y fiel de todo lo que Dios le ha dado, incluyendo el tiempo.

La dimensión equivocada del tiempo

Mientras más intenta controlar su agenda, también debe reconocer que no tiene el control absoluto del tiempo. La vida tiene incidentes, situaciones y circunstancias que están más allá de su control personal. Por ejemplo, una madre puede planificar muy bien su día para las actividades que entiende cumplen el propósito de Dios para su existencia, solo para recibir una llamada de la escuela de su hijo avisándole que está enfermo y que debe pasar por él y llevarlo al médico.

En momentos en que sus planes se interrumpen por circunstancias fuera de su control, usted debe ser flexible, actuar rápidamente y continuar con el plan B. Existen un millón de cosas que se pueden hacer en una hora. Escoja algo que sea digno, valioso y bueno a los ojos de Dios.

¿Qué es una pérdida de tiempo?

Desperdiciar el tiempo es un pecado. Pero debemos reconocer que Dios es quien decide lo que es un desperdicio. Él define una pérdida de tiempo como algo que no contribuye al cumplimiento de su plan y propósito para nosotros.

¿Son pérdida de tiempo la recreación y el juego? No necesariamente. El Señor espera que usted descanse, se relaje y tenga momentos puros de gozo. Ese es parte del plan divino para rejuvenecer su cuerpo, mente y espíritu.

¿Es un desperdicio el pasar tiempo a solas con Dios, escucharlo y esperar en su presencia? No. Él se deleita en tener comunión con usted. Apartar tiempo a solas con el Señor es una manera vital para edificar una relación con él y para escuchar con claridad lo que él desea que usted haga con su tiempo y energía.

¿Es una pérdida de tiempo orar y hablar de las cosas de Dios? ¡No! Si está en un embotellamiento de tráfico, haciendo una tarea de poca importancia, o en una sala de espera, utilice ese tiempo para hablar con Dios o para entablar una conversación acerca del amor divino.

¿Es perder el tiempo estudiar y leer? No. No lo es si lee o estudia algo valioso para el cumplimiento de las metas que Dios le ha dado. Estudiando desarrolla dones y talentos de parte de Dios. Estudiar no es una pérdida de tiempo si estudia las cosas adecuadas y por las razones adecuadas.

Sin embargo, usted pierde tiempo si juega cuando debería estar trabajando, si duerme cuando debería estar despierto, o si gasta el tiempo en cosas frívolas a expensas de pasar tiempo con el Señor, con la familia o con amigos.

¿Es una pérdida de tiempo ser adicto al trabajo y pasar dieciocho horas al día, siete días a la semana, en un empleo, una profesión o un ministerio? Sí. Eventualmente, ese horario lo agotará. Además, es vivir en desobediencia al mandamiento de Dios: «Seis días trabajarás y harás toda tu obra; mas el séptimo día es reposo para Jehová tu Dios» (Éxodo 20.9-10). Trabajar sin parar no es un enfoque equilibrado del tiempo. La fortaleza física y la energía de una persona se socavan después de un largo trayecto, y se debilitan las relaciones personales con el Señor, la familia y los amigos (relaciones que son muy importantes en el plan de Dios para todo el mundo).

Nada es una pérdida de tiempo si es parte de un plan equilibrado; es decir, de un plan desarrollado para el cumplimiento de los propósitos divinos y para la máxima utilidad, productividad y eficacia en el uso de sus dones y talentos.

¿Qué motiva su uso del tiempo?

Muchos permiten que las circunstancias externas manejen sus días. Hacen lo que se les presenta momento a momento. Hasta cierto punto, permiten que otros dictaminen su uso del tiempo. Ceden a toda demanda impuesta por otros. Pasan sus días diciendo: «Él quiere que haga, ella desea que asista a, él quiere que vaya a, ella desea que termine...» Estos individuos reaccionan a las demandas ajenas de tiempo. Al final pueden estar muy ocupados y, a veces, ser productivos, pero no en el modo en que el Señor desea. Están cumpliendo los deseos de otros y no los propósitos de Dios para sus vidas.

Hay quienes están motivados por sus deseos. Tienen el deseo de descansar, por tanto se sientan y, antes de darse cuenta, han pasado tres horas viendo televisión. Muy poco de lo que han visto tiene real importancia para sus vidas y casi nada podrán recordar varios días después. A algunos los manejan las ansias por el alcohol, las drogas o la comida. A otros, un deseo de dinero y posesiones materiales; se van de compras e invierten con ganas para satisfacer un profundo anhelo no cumplido. Incluso hay quienes son motivados por una inquietud insatisfecha que los incita a estar con personas y a mantenerse ocupados en actividades «divertidas» de la mañana a la noche.

En su mayoría, quienes permiten que sus deseos manejen su tiempo, no han enfrentado los propósitos reales y profundos de su existencia. Viven en la superficie de sus emociones, buscando satisfacer algo que no se puede lograr con sustancias, posesiones, actividades u otras personas.

Rara vez he conocido a una persona motivada por un profundo deseo de leer la Biblia, orar, asistir a la iglesia o hablar de su fe a otros. Quienes hacen uso de su tiempo motivados por los deseos generalmente van en dirección opuesta a las disciplinas y los acontecimientos piadosos.

Por otro lado están aquellos que deciden manejar su tiempo según su conocimiento de lo que agrada a Dios. En esencia, no mandan sobre sus agendas. Por el contrario, dan su tiempo al Señor y le piden que les muestre la agenda *de Él*. Luego se encargan de lo que el *Señor* les ha dirigido a hacer, dentro de un tiempo específico (tal vez una hora, un día o una semana).

Valore lo que es importante

Debe reconocer que muchas cosas en la vida son urgentes pero no importantes. Las circunstancias, las exigencias de los demás y sus propios deseos insatisfechos crean una sensación de urgencia. Sin embargo, casi nunca eso está arraigado en la importancia real de las metas que Dios le dio a usted. Mantenga sus ojos enfocados en lo que verdaderamente importa.

¿Valora su relación con Dios? Si es así, pasará tiempo en su presencia.

¿Valora la Palabra de Dios? Si es así, pasará tiempo leyéndola.

¿Valora los talentos que Dios le ha dado? Si es así, pasará tiempo desarrollándolos y usándolos sabiamente.

Cada semana mientras preparo mi sermón dominical, me acerco a mi tarea con un profundo sentido de valor. Valoro el privilegio de predicar el evangelio. Valoro el privilegio de ministrar a quienes escuchan mis sermones, tanto en la iglesia como a través de la radio y la televisión en todo el mundo. Valoro a las personas que buscan crecer en su relación con el Señor. Valoro mi llamado divino de hablar a otros del amor y del perdón de Jesucristo.

Debido a que valoro la oportunidad de predicar, paso un promedio de veinte horas semanales en la preparación de sermones, sin contar las innumerables horas que dedico a pensar en el próximo sermón y a orar por él.

¿Cómo aborda su trabajo o su ministerio? ¿Valora lo que hace?

¿Cómo se acerca a su familia y sus amistades? ¿Valora la presencia de ellos en su vida?

Obstáculos en el manejo del tiempo

Existen tres impedimentos básicos para un buen manejo del tiempo. El primero es *no tener en orden sus prioridades.*

¿Cuáles son sus prioridades? ¿Qué asuntos le importan más? Sugiero que escriba sus cuatro prioridades más importantes. Luego mire su agenda para mañana a la luz de estas prioridades. ¿Está realmente haciendo cosas que reflejan sus prioridades?

Muchas personas tienen como prioridad «crecer en mi relación con el Señor», y sin embargo una mirada a sus agendas revela que lamentablemente han destinado pocos momentos a actividades que nutran su relación con el Padre celestial. Si usted en realidad valora su relación con el Señor, y la ha convertido en una prioridad en su vida, destine tiempo todos los días a leer y estudiar la Palabra de Dios, a orar y animar a otros en su caminar por fe.

Conozco varias personas que a diario pasan horas en el teléfono. Sin embargo, la mayor parte de ese tiempo lo gastan en parloteo ocioso:

—Hola, ¿cómo te va?

—Bien.

—¿Qué has hecho?

—No mucho.

A diario se hacen millones de llamadas, en esta nación y en todo el mundo, en las que quien llama no tiene una razón verdadera para llamar. ¡Tenga una razón para lo que hace! Haga que esa razón sea el motivo para llevar a cabo lo que ha designado como una prioridad.

Un segundo obstáculo importante para el buen manejo del tiempo es *posponer las cosas*. Quienes hacen esto nunca llegan a ninguna parte en la vida. Siempre están en estado de «dilación».

La mayoría de individuos que dejan todo para después tienen intenciones maravillosas. Quizás tengan buenas prioridades y quizás hasta llenen agendas que las reflejen. Solo que nunca les llega el momento de hacer lo que han planificado.

Hace unos años un pastor asistió a una de nuestras conferencias administrativas en el centro de Atlanta y me dijo: «Entro a mi estudio a las ocho de la mañana con la esperanza de tener un día provechoso, entonces miro por encima de mi escritorio y veo un libro que no está en su sitio en el estante y lo coloco en su lugar. Luego veo que es necesario poner en orden algunos papeles y sacar punta a algunos lápices; entonces, sin darme cuenta, he pasado cuatro horas haciendo un oficio innecesario tras otro. En todo ese tiempo no he abierto la Biblia, no me he puesto de rodillas ni he escrito una palabra». Este pastor había hecho de todo menos cumplir con sus prioridades, lo que es una clásica señal de posponer las cosas.

Un tercer impedimento para el buen manejo del tiempo es la *falta de concentración*. Concentrarse significa fijar la mente en un proyecto o asunto particular, y permanecer así hasta comprenderlo o terminarlo. Se necesita concentración para hacer un trabajo de calidad, para comprometerse en practicar la calidad mientras desarrolla un talento o una habilidad, o para aprender algo de tal modo que recuerde lo que aprende. Si no desarrolla la capacidad de enfocar su atención y concentrarse en lo que está haciendo, no podrá sacar provecho de su tiempo.

Puede pasar una hora con la Biblia en su regazo, mirando fijamente una página y leyendo un versículo particular una y otra vez, mientras su mente vaga en una docena de otras preocupaciones. Esa no será una hora verdaderamente productiva y valiosa de estudio bíblico. Usted no ha hecho buen uso de esa hora.

Podría pasar ocho horas en el trabajo, pero ¿ejecuta ocho horas *de* trabajo? ¿O se la pasa continuamente distraído?

Hoy día puede ser muy popular el concepto de multitarea —hacer dos o más tareas al mismo tiempo— pero la mayoría de personas de éxito que conozco ponen toda su concentración en una cosa a la vez. Mientras ejecutan la tarea se mantienen organizadas, unen todos los aspectos de un proyecto y lo dejan solo cuando han definido muy bien el momento de pararlo. Si hablan con alguien, ya sea personalmente o por teléfono, se concentran por completo en esa persona. Si escriben, lo hacen sin interrupción. Si trabajan manualmente en un proyecto, lo completan sin distraerse. Manténgase enfocado. ¡Concéntrese!

No tener en orden sus prioridades, posponer las cosas y una falta de concentración en realidad lo pueden llevar a perder el tiempo. Así no consigue nada de valor.

Siete claves para el buen manejo del tiempo

La Biblia nos da siete principios para el buen uso del tiempo. Cada una nos exige hacernos cargo de nuestros programas y agendas, basar el uso de nuestro tiempo en lo que realmente le importa a Dios, y ajustar nuestras agendas según las prioridades, planes y propósitos que el Señor nos da para cada día de nuestra existencia.

Principio #1: Asuma responsabilidad

El primer principio es asumir responsabilidad por su uso del tiempo. La Biblia nos desafía a redimir el tiempo, lo cual significa sacar el máximo provecho del tiempo que Dios nos ha dado (véase Efesios 5.16). Decida hacerse cargo de su tiempo para dar lo mejor de su capacidad. Si usted no maneja su tiempo, otra persona lo hará.

Principio #2: Busque la guía de Dios

Reconozca que el Señor le ha ordenado realizar una serie de buenas obras. Leemos en Efesios 2.10: «Somos hechura suya, creados en Cristo Jesús para buenas obras, las cuales Dios preparó de antemano para que anduviésemos en ellas».

Pedro dijo esto sobre el uso que una persona debe hacer del tiempo:

Para no vivir el tiempo que resta en la carne, conforme a las concupiscencias de los hombres, sino conforme a la voluntad de Dios. Baste ya el tiempo pasado para haber hecho lo que agrada a los gentiles [...] Cada uno según el don que Dios le ha dado, minístrelo a los otros, como buenos administradores de la multiforme gracia de Dios. (1 Pedro 4.2-3,10)

Cada mañana pida al Señor que le ayude a identificar las buenas obras que ha planificado para usted en ese día particular. Pídale que le muestre *cómo*, *cuándo* y *a quién* podría ministrar, usando los buenos dones y talentos que le ha dado.

No limite su petición de guía divina al tiempo que pasa en el trabajo o en el ministerio. Pida al Señor que le ayude a manejar su tiempo de recreación, de tal manera que le produzca el máximo de descanso y tenga además oportunidades de enriquecer su amistad con otros, de renovar su energía creativa y de testificar de Cristo.

Busque también la guía de Dios para el tiempo que pasa con su cónyuge y con su familia. Pídale que le ayude a manejar su tiempo familiar para que sus relaciones sean firmes y llenas de gozo.

Principio #3: Planifique su agenda

Si usted no planifica su agenda ni establece sus metas y sueños dentro de un contexto de fechas límites, los meses pueden pasar sin que haga ningún progreso hacia el cumplimiento de las metas que Dios le ha dado.

Organice su tiempo para la máxima productividad y eficiencia. Si las mañanas son sus horas más productivas, resérvelas para labores directamente relacionadas con sus metas. Ponga su mayor concentración y esfuerzo en esas horas. No permita citas, llamadas telefónicas o reuniones que consuman la energía que puede dedicar mejor al trabajo productivo. Programe las citas, llamadas y reuniones para las horas de la tarde. Escuché sobre un hombre que hace su mejor trabajo cuando se encuentra a solas en el laboratorio. Va al trabajo cuando casi todos los demás han salido, y entonces labora diligentemente hasta las dos de la mañana. Esas son sus horas más productivas del día. Ha aprendido a programar su tiempo, con la bendición de su patrono, de manera que completa la mayor cantidad de trabajo de calidad en un día cualquiera.

La mayoría de las personas que conozco encuentran más fácil y productivo pasar tiempo con el Señor al principio de la mañana. Descubren que si no leen sus Biblias y pasan tiempo de oración en la mañana, casi nunca llega el momento para la lectura bíblica y la oración en el resto del día. Otros encuentran que su mejor tiempo de oración y lectura bíblica es después de que todos los miembros de la familia se han acostado. No hay una regla establecida. ¡Haga lo que le funcione a usted!

Pida al Señor que le muestre cómo establecer su agenda para un día, una semana y un año de modo que pueda lograr un buen equilibrio de trabajo y descanso, de tiempo a solas y de tiempo familiar, de inversión y rendimiento.

Principio #4: Sea organizado

El buscar continuamente documentos u objetos extraviados es una pérdida de tiempo. Sea organizado en su trabajo. En toda la Biblia encontramos numerosas referencias acerca de hacer cosas y mantenerlas de manera ordenada (véase Éxodo 40.1-16 como ejemplo).

Reconozca que su definición de ser organizado puede diferir de la de los demás. Si usted entra a mi estudio, tal vez se dará cuenta de que la mayoría de objetos están en su sitio, a menos de que me encuentre estudiando algo, o escribiendo un sermón en ese momento. Casi siempre tengo una pila de libros abiertos a mi alrededor y varias páginas de notas en algunos lugares. Pero en términos generales soy una persona muy ordenada.

Sin embargo, varios miembros del personal son personas piadosas que hacen una gran obra, pero parecen trabajar en medio del caos... al menos desde mi perspectiva. En sus oficinas hay papeles por todas partes, montones aquí, montones allá y montones en el piso. Pero si a uno de ellos le pido un objeto o un documento en particular, va directamente a un montón, hace a un lado casi la mitad y me presenta lo que le solicito. Hay organización, ¡pero solo él la entiende!

La organización es una clave para la eficiencia. Usted no puede hacer nada rápida y tranquilamente sin orden ni organización. Por consiguiente, el orden es importante para aprovechar al máximo su tiempo.

Pida al Señor que le ayude a sacar el desorden de su vida, es decir, todo lo que le resta valor y lo aleja de los propósitos y metas que Dios le ha dado. El desorden en el tiempo se relaciona con todo aquello que recarga su agenda de actividades y obligaciones sin importancia.

Principio #5: Confíe en la sabiduría de Dios

Si cuestiona el tiempo apropiado para cualquier cosa —cuándo se debe hacer algo, cuánto tiempo debe dedicarle, con cuánta frecuencia debe hacerlo, en qué orden debe hacerlo, etc.— pídale al Señor que le dé sabiduría al respecto.

Mientras planifica proyectos o descompone grandes metas en tareas específicas, pregunte al Señor: «¿Tengo mis actividades, acciones o tareas en un orden lógico? ¿Estoy asignando una cantidad adecuada de tiempo a cada área de este proyecto, tarea o evento? ¿He fijado las fechas límites apropiadas?»

Principio #6: Elimine lo que no tiene importancia

Charles Schwab, presidente de Bethlehem Steel, contrató un consultor y le dijo:

—Si me muestras cómo los demás directivos de nuestra empresa y yo podemos usar mejor nuestro tiempo, te pagaré lo que me pidas.

—Está bien —contestó el hombre, y a continuación le dio a Schwab una hoja de papel en blanco.

—Escriba en esta hoja todas las cosas importantes que debe hacer mañana y enumérelas en orden de prioridad –le dijo—. Ponga en el número uno la tarea más importante que deba hacer mañana. Ponga en el número dos lo que le siga en importancia, y así sucesivamente. Entonces, cuando vaya a trabajar mañana en la mañana, comience con el primer punto de su lista y concéntrese en él hasta que lo termine. Luego continúe con el número dos, y así sucesivamente. Lo más probable es que en un solo día no logre cumplir todo lo que hay en la lista, pero habrá hecho lo más importante de ella, o al menos habrá hecho un esfuerzo importante para lograrlo. Entonces mañana en la noche, haga una nueva lista para el día siguiente. Haga esto por varias semanas y déjeme saber qué sucede.

—Si encuentra que este plan le funciona —concluyó el consultor—, transmita la idea a sus gerentes. Y si tiene valor para su empresa como un todo, envíeme un cheque por lo que crea que vale el plan.

Schwab hizo lo que el consultor le sugirió, y luego transmitió la idea a sus gerentes, quienes también pusieron el plan en acción. Unas semanas después envió a su consultor y amigo, Ivy Lee, un cheque por la cantidad de veinticinco mil dólares. En 1930, esa cantidad era similar a recibir hoy día varios centenares de miles de dólares.

—Esta es una de las ideas más importantes que he aprendido —le dijo Schwab a Ivy.

Me alegra trasmitirle a usted la idea. He puesto a funcionar este principio en mi vida, y lo recomiendo de corazón. Cada noche, después de revisar mi agenda para el día siguiente, escribo en una tarjeta de archivo las cuatro cosas más importantes que espero hacer durante el día siguiente. Pongo la lista en orden de prioridad, y lo primero que hago a la mañana siguiente es mirar esa tarjeta. Llevo la lista conmigo hasta mi escritorio y la mantengo donde pueda verla con facilidad. He descubierto que si no me concentro en lo que realmente quiero conseguir, las llamadas telefónicas y otras interrupciones me pueden hacer correr en cuarenta direcciones.

En esa tarjeta escribo lo que sirve para mi propósito más importante, que es llevar el evangelio a tantas personas como pueda, tan rápido como pueda, tan claro como pueda, tan sencillo como pueda, de manera tan irresistible como pueda, en el poder del Espíritu Santo y para la gloria de Dios. Cada día trato de evaluar mi agenda y mi lista de cosas por hacer, a la luz de esta pregunta: ¿Estoy progresando hacia mi meta y hacia el cumplimiento del propósito principal para mi vida? Si algo no encaja en ese propósito general, no pertenece a mi lista de prioridades diarias.

Estoy absolutamente convencido de que usted será muy productivo, más eficaz, y al final tendrá mucho éxito, si decide hacer a un lado todo lo que resultaría en el descarrilamiento o desvío del propósito principal de Dios para su vida. Somos sabios al tener en cuenta las palabras que el Señor dijera a Josué, acerca de su meta para la vida de este hombre: «No te apartes de ella ni a diestra ni a siniestra, para que seas prosperado en todas las cosas que emprendas» (Josué 1.7).

Si alguien o algo interrumpe su concentración, no permita que esa persona o ese asunto consuma todo su día o lo saque de su principal prioridad del día. Si una crisis exige su inmediata atención, no deje que lo desvíe de sus metas divinas. Manténgase firme en sus objetivos.

Por supuesto, si está bajo la autoridad de un supervisor o un «jefe», de vez en cuando podrían sacarlo de lo que usted percibe como una prioridad, para tratar de resolver una situación emergente o un asunto «urgente» en la agenda de la empresa. En tales situaciones, quizás sea sabio preguntar a la persona que está ordenando un nuevo uso de su tiempo: «¿Es esto más importante que las asignaciones que ya me dio anteriormente?» Si la respuesta es afirmativa, haga la nueva tarea con lo mejor de su capacidad. ¡Esta se acaba de convertir en su prioridad número uno!

En el marco general de su vida, hacer un buen trabajo en las tareas que le encomiendan es parte del plan de Dios para usted. Las interrupciones que no sean frívolas o ineludibles muy bien podrían llevarle a una lección que él quiere enseñarle. Esta lección muy bien podría ser la flexibilidad. Todos nosotros, sin embargo, sabemos que muchas interrupciones son sencillamente pérdidas de tiempo, las cuales casi siempre se pueden evitar o cortar.

Principio #7: Revise su día

Al final del día, revise la manera en que ha invertido su tiempo. Evalúe su agenda. Compare lo que hizo con lo que pretendía hacer. Pregúntese:

- ¿Hice un buen uso de mi tiempo?
- ¿Pospuse algunas cosas?
- ¿Logré mantener mi concentración?
- ¿Me involucré en actividades que eran realmente prioridades?
- ¿Progresé (aunque sea un poco) en el cumplimiento de las metas que Dios me ha dado?

Mientras haga las cosas que desea hacer para triunfar ante los ojos de Dios, déle gracias y alábelo por su guía, ayuda y ánimo.

Si reconoce que cometió equivocaciones o que no pudo cumplir la agenda que se propuso, pida perdón a Dios por cualquier pecado que haya cometido al perder tiempo, y luego pídale que le ayude a desenvolverse mejor el día siguiente.

¡No se rinda en la persecución de sus metas! Haga modificaciones, aprenda de sus errores e inicie el día siguiente con nuevos bríos y valor.

Al poner en acción estos siete principios, de manera diaria y constante, descubrirá que no solo está creciendo en su autoestima sino que también se acerca más y más al cumplimiento del propósito de Dios para su vida. Estará *haciendo* lo que él le ha encomendado y estará en el proceso de *convertirse* en la persona que el Señor anhela que usted sea.

El sabio uso del tiempo es la marca de la disciplina. Y la disciplina es esencial para el éxito.

12

CÓMO SUPERAR LO NEGATIVO

¿Qué piensa hoy acerca de su éxito?

¿Cree que es posible triunfar?

¿Piensa que es un triunfador?

¿Cree que puede lograr mañana un éxito aún mayor?

Las respuestas negativas a estas preguntas pueden ahuyentar rápidamente el éxito; cada una de ellas tiene su raíz en lo que cada persona cree.

En capítulos anteriores discutimos la relación que las actitudes y los pensamientos tienen con el éxito. Lo que usted piensa está arraigado en su mente. Los pensamientos son racionales. Se pueden dirigir, enfocar y alterar mediante la adquisición de nueva información, la repetición y nuevos enfoques del panorama.

Las convicciones yacen profundamente en el alma. Se relacionan con las emociones y con la actitud general hacia la vida. Son la fuente de sus respuestas espontáneas a la vida. De muchas formas, son mucho más penetrantes y básicas que sus pensamientos.

Las creencias están directamente vinculadas a la motivación. Son el fundamento del modo en que se ve a usted mismo, al mundo que lo rodea y a Dios.

Para tener éxito, debe creer tres declaraciones que están directamente relacionadas con él:

1. «*Puedo* tener éxito».
2. «Estoy progresando hacia el éxito».
3. «Dios desea que triunfe».

No creer estas tres declaraciones de una manera profunda y constante puede ser devastador para triunfar.

Crea que puede tener éxito

El apóstol Pablo escribió desde la celda de una cárcel en Roma: «Todo lo puedo en Cristo que me fortalece» (Filipenses 4.13).

¿Es esto lo que cree hoy día de usted mismo? ¿Piensa realmente que puede conseguir lo que el Señor le ha ayudado a identificar como metas para su vida?

Pablo no dijo que podía hacer todo por sus propias fuerzas. Dijo que podía lograr todo *a través de* Cristo. De Cristo sacaba su identidad y su fortaleza.

Además, Pablo no deseaba hacer nada que se alejara del propósito de Cristo para él. No anhelaba volar sin alas ni buscar una profesión en un área para la que no tuviera talento y a la que Dios no lo hubiera llamado. Buscaba hacer solamente lo que Cristo le había encomendado y para lo que lo había capacitado. Entonces, el apóstol dijo con confianza: «Puedo hacer estas cosas porque Cristo está cumpliendo sus propósitos en mí, y me está fortaleciendo en las mismas áreas para las que me ha equipado. Puedo confiar en que Cristo me va a permitir hacer lo que deseo y lo que intento, pero que soy incapaz de realizar por mis propias fuerzas».

Si verdaderamente va a triunfar, todo cristiano puede, y debe, llegar al punto de hacer esta misma declaración: «Todo lo puedo en Cristo que me fortalece». ¿Por qué? Porque las metas que nos fijamos son *de Dios*. Cualquier objetivo que deje fuera a Dios no es algo que vamos a cumplir a cabalidad ni que tenga recompensas eternas. Si establecemos metas de Dios, entonces él está comprometido a ayudarnos a lograrlas. Él promete estar con nosotros, proveer para nosotros, darnos poder, y darnos valor para lograr *sus* metas en nuestra vida.

Con Cristo, ¡no podemos fallar! Siempre estamos en el proceso de triunfar más y más.

Como he dicho desde el principio, el éxito verdadero es la búsqueda continua de convertirse en la persona que Dios quiere que sea, y perseguir y lograr constantemente las metas que Dios ha fijado para usted: ¡persona de Dios, objetivos de Dios y ayuda de Dios! Y con la ayuda de Dios, no puede fallar. *Triunfará*.

Una persona puede estar comprometida con una meta, puede tener entusiasmo hacia ella, y trabajar persistentemente para lograrla, pero si en realidad no cree que tendrá éxito en conseguirla, no la alcanzará. Faltará algo. Y la falta de ese algo hará que la persona se comprometa cada vez menos, se entusiasme menos, se esfuerce menos y sea menos persistente en alcanzar la meta. De esta manera se pierde la constante motivación que se necesita para obtener logros.

Considere por un momento a un estudiante que se inscribe en una universidad con el propósito de conseguir un título. Su meta es obtener una licenciatura en cuatro años. Está entusiasmado por ir a la universidad. Comienza a asistir y a cumplir sus deberes. Pero muy dentro de sí no se cree tan inteligente como para terminar sus estudios. En realidad no cree que pueda obtener el título universitario.

La creencia de este estudiante acerca de su capacidad para hacer el trabajo universitario puede tener muchas raíces. Quizás sus padres, maestros o amigos le dijeron que no tenía lo necesario para ir a la universidad. Tal vez tuvo algunas experiencias negativas en la secundaria, quizás hasta fracasó en uno o dos cursos. También es posible que tenga dudas acerca de cómo conseguir el dinero para culminar sus estudios. Cualesquiera sean las raíces, él cree que no puede obtener un título universitario. Y con el tiempo,esa creencia contrarrestará todo lo demás, a menos que la cambie.

La creencia del joven, de no poder terminar sus estudios, lo llevará a estar menos comprometido con la asistencia a clases, con la realización de sus tareas o con el estudio para los exámenes. Esta convicción erosionará su entusiasmo por asistir a la universidad y encontrará más y más excusas para justificar su pobre rendimiento y para ir en pos de motivaciones distintas a la universidad. Al final, la razón número uno para no culminar sus estudios es que no *cree*.

Por otro lado, considere a la estudiante que quizás no tenga gran capacidad intelectual o notas sobresalientes en la secundaria, pero la aceptan en la universidad y se inscribe creyendo firmemente que se graduará. También tiene una meta y está muy entusiasmada con ella. También comienza a asistir a clases. Al estudiar y presentar exámenes o informes, lo hace con la firme convicción: «Puedo hacerlo por medio de Cristo que me fortalece. Dios me ayudó a fijar esta meta, y él me está permitiendo lograrla. *Me graduaré* con la ayuda de Dios».

La confianza en Dios que tiene esta muchacha mantiene ardiendo su aceite mientras estudia en la noche. Creer en la ayuda y el llamado del Señor la mantiene en la universidad, aunque no esté entre los mejores estudiantes o que repita un curso. Su convicción en la ayuda y el llamado de Dios sustentan su motivación, aun cuando tenga que trabajar a medio tiempo mientras estudia y se tarde seis años, en lugar de cuatro, para obtener su título. Sus creencias la llevan a cruzar la línea de llegada.

La creencia de que «puedo hacer esto con la ayuda de Cristo» también aplica a usted para alcanzar cualquier cosa en la vida: casarse, ser padre, empleado, vendedor, pastor, cantante, líder de jóvenes, misionero, etc. Si cree que puede hacerlo, muy probablemente lo hará. Si cree que no puede, lo más seguro es que no pueda.

La Biblia nunca nos llama a triunfar sin la ayuda de Dios. Nuestro éxito siempre tiene intrínseco un elemento edificador de fe. Sin fe no recibiremos nada de Dios (Santiago 1.6-8). Sin fe no tenemos acceso a la ayuda de Dios.

Decida hoy ser una persona de fe. Decida creer que puede hacer todo lo que Dios le ha encomendado porque Cristo le permitirá hacerlo.

Crea que Dios está de su lado

Otro aspecto que está directamente relacionado a su triunfo como cristiano, es este: debe creer que Dios está de su lado y que él le equipará, proveerá, le dará poder y estará junto a usted para hacer lo que le encomienda.

El éxito verdadero se basa en ir tras lo que Dios planifica para su vida. Usted debe creer firmemente que va tras las metas de Dios y que él anhela que triunfe en lograr los objetivos.

El escritor de Hebreos declaró: «Es necesario que el que se acerca a Dios crea que le hay, y que es galardonador de los que le buscan» (11.6). ¿Qué significa esto en su diario vivir? Significa que el Señor está con usted y que está obrando a su favor para traer recompensas mientras busca y persigue el plan que creó para usted.

Muchas personas que creen que Dios está *con* ellas, no reconocen que también está *dentro* de ellas, para asegurarse que sus hijos amados triunfen. Pablo escribió: «Fiel es el que os llama, el cual también lo hará» (1 Tesalonicenses 5.24). El Señor que lo llama a realizar una tarea también le da el poder, la sabiduría, el valor y la capacidad para verla terminada. Las metas dadas por Dios son eso: metas dadas por *Dios*. Él no le ayudará a fijarlas para luego no comprometerse ni involucrarse en el logro de ellas. Usted ha recibido el Espíritu Santo a fin de tener una capacidad divina intrínseca que lo ayuda a triunfar.

Crea que los principios de Dios funcionan

Hace poco me encontré a una persona que me dijo: «Ah, creo que Dios desea mi éxito. Solo que ahora no estoy seguro *cómo* quiere mi éxito o hasta qué grado desea que lo tenga». Si tiene dudas, ¡vaya a la Biblia!

Si no cree en los principios bíblicos, no actuará basado en ellos ni los aplicará a su vida. Si no los aplica, no funcionarán.

Lo opuesto también es cierto. Si usted cree en los principios bíblicos relacionados con una vida de éxito, actuará de acuerdo a ellos y los aplicará. Leerá la Palabra de Dios y hará lo que ella le ordena hacer. Estará ansioso por aprender de la Biblia y de aplicar lo que aprende. Además, mientras aplica los principios bíblicos, descubrirá que la verdad que hay en ellos funciona en su vida.

Permítame darle algunos ejemplos. La sabiduría convencional del mundo dice que una tienda debe estar abierta siete días a la semana. La Palabra de Dios dice:

> Seis días trabajarás, y harás toda tu obra; mas el séptimo día es reposo para Jehová tu Dios; no hagas en él obra alguna, tú, ni tu hijo, ni tu hija, ni tu siervo, ni tu criada, ni tu bestia, ni tu extranjero que está dentro de tus puertas. (Éxodo 20.9-10)

¿Está usted dispuesto a obedecer lo que *Dios* dice por encima de lo que dice el mundo? ¿*Cree* en realidad este mandamiento de Dios?

La sabiduría convencional del mundo dice que dar al Señor el diez porciento de sus ingresos es algo tonto. La Palabra de Dios dice:

> Traed todos los diezmos al alfolí y haya alimento en mi casa; y probadme ahora en esto [...] si no os abriré las ventanas de los

cielos, y derramaré sobre vosotros bendición hasta que sobreabunde. (Malaquías 3.10)

La sabiduría convencional del mundo dice que si usted da algo, lo pierde. La Palabra de Dios dice: «Dad, y se os dará; medida buena, apretada, remecida y rebosando darán en vuestro regazo» (Lucas 6.38).

La sabiduría convencional del mundo dice que para triunfar debe dar lo menos posible y tomar todo lo que pueda. La Palabra de Dios dice: «Con la misma medida con que medís, os volverán a medir» (Lucas 6.38).

¿Cuál va a creer, la sabiduría convencional del mundo o la Palabra de Dios? Lo que crea determinará lo que haga. Y lo que haga determinará lo que Dios hará en su favor.

¿Está dispuesto a creer lo que la Palabra de Dios dice sobre usted? ¿Está dispuesto a creer que el Señor lo ama, lo valora y lo considera digno de éxito?

¿Está dispuesto a creer que a Dios sí le importan sus necesidades diarias y que desea proveer para usted y ayudarle aun en las más difíciles circunstancias?

No es suficiente creer que Dios existe y que su Palabra es verdadera. Debe creer que él existe *en* usted por el poder de su Santo Espíritu y que su Palabra es verdadera *en todo aspecto de su vida.*

Dios lo prepara para lo que requiere de usted

Debe recordarse a menudo que siempre que Dios requiere algo de usted, él asume la responsabilidad de capacitarlo, equiparlo y proveerle todos los recursos necesarios para que se lleve a cabo la tarea. Si Dios le ha ayudado a establecer una meta, lo ayudará a alcanzarla. El Señor nunca le ordena hacer algo para lo que no lo prepare primero. Tampoco le pide hacer nada sin darle los recursos necesarios.

Vemos este principio confirmado una y otra vez en las Escrituras. Considere el ejemplo de Noé. Dios le dijo:

He decidido el fin de todo ser, porque la tierra está llena de violencia a causa de ellos [los hombres]; y he aquí que yo los destruiré con la tierra. Hazte un arca de madera de gofer; harás aposentos en el arca, y la calafatearás con brea por dentro y por fuera. (Génesis 6.13-14)

En la época en que Dios habló a Noé, este no tenía el concepto de un arca. Nunca había visto una, no había oído hablar de ella, ni había visto un retrato de alguna. Además, no tenía idea de *por qué* debería construir un arca. Lo único que sabía era que tenía algo que ver con su protección y con la destrucción de Dios de la perversa humanidad.

Sin embargo, el Señor no dejó a Noé en la ignorancia acerca del arca. Le dijo:

De esa manera la harás: de trescientos codos la longitud del arca, de cincuenta codos su anchura, y de treinta codos su altura. Una ventana harás al arca, y la acabarás a un codo de elevación por la parte de arriba; y pondrás la puerta del arca a su lado; y le harás piso bajo, segundo y tercero. (Génesis 6.15-16)

Dios le reveló a Noé *cómo* construir un arca.

Luego le reveló *por qué* debía construirla:

He aquí que yo traigo un diluvio de aguas sobre la tierra, para destruir toda carne en que haya espíritu de vida debajo del cielo; todo lo que hay en la tierra morirá. Mas estableceré mi pacto contigo, y entrarás en el arca tú, tus hijos, tu mujer, y las mujeres de tus hijos contigo. Y de todo lo que vive, de toda carne, dos de cada especie meterás en el arca, para que tengan vida contigo; macho y hembra serán. De las aves según su especie, y de las bestias según su especie, de todo reptil de la tierra según su especie, dos de cada especie entrarán contigo, para que tengan vida. Y toma contigo de todo alimento que se come, y almacénalo, y servirá de sustento para ti y para ellos. (Génesis 6.17-21)

Dios explicó lo que iba a hacer, lo que Noé debía hacer y cómo intentaba hacer que se desarrollaran los acontecimientos. Noé recibió instrucciones claras acerca de *cómo* responder al mandato del Señor. Estaba equipado con conocimiento. Observe también que Dios dijo: «Dos de cada especie entrarán contigo, para que tengan vida». Noé no tenía que salir y buscar todas las especies que iban a permanecer con vida en el arca. Dios iba a hacer que ellas fueran hacia Noé, y este debía cuidarlas.

Leemos en Génesis 6.22: «Lo hizo así Noé; hizo conforme a todo lo que Dios le mandó».

Noé se tardó más de cien años en terminar el arca y en reunir a todos los animales. Dios proveyó en todos esos años. Le dio las fuerzas, los materiales y el conocimiento para reunir la madera de gofer, para construir el arca y para calafatearla con brea. También le dio tres hijos, y cada uno estaba casado para el momento en que «fueron rotas todas las fuentes del grande abismo, y las cataratas de los cielos fueron abiertas» (Génesis 7.11). Noé recibió la provisión y la ayuda necesarias para hacer el trabajo.

Si Dios lo llama a hacer algo —aunque sea una meta que no comprende del todo— confíe en que le dará el conocimiento, la provisión y la ayuda que necesita. Él no lo llama a fracasar sino a triunfar. Él le dará todo lo necesario para lograr que la obra se haga con éxito.

Cuando el Señor llamó a Moisés a volver ante Faraón con el mensaje: «Deja ir a mi pueblo», Moisés argumentó que el pueblo no lo escucharía ni creería que el Señor lo había enviado con el mensaje. ¿Qué hizo Dios? Proveyó un medio para probarle al pueblo que Moisés era su enviado: una vara que se convertía en serpiente cuando era lanzada al piso, y que volvía a su forma original cuando Moisés la tomaba. También le dijo a Moisés que metiera la mano en su pecho y después la sacara; cuando lo hizo, su mano estaba leprosa. Luego el Señor le dijo a Moisés que metiera otra vez la mano en su pecho, y cuando la sacó, estaba restaurada como el resto de la piel. El Señor dijo: «Si aun no creyeren a estas dos señales, ni oyeren tu voz, tomarás de las aguas del río y las derramarás en tierra; y se cambiarán aquellas aguas que tomarás del río y se harán sangre en la tierra» (Éxodo 4.1-9).

Moisés argumentó además que no estaba capacitado para la tarea ya que no era un elocuente orador sino «tardo en el habla y torpe de lengua» (Éxodo 4.10). El Señor le dijo: «Yo estaré con tu boca, y te enseñaré lo que hayas de hablar». También le dio la seguridad a Moisés de que su hermano Aarón estaría a su lado para actuar como su portavoz, puesto que el Señor también estaría en la boca de Aarón (Éxodo 4.11-16).

¿Qué excusas tiene hoy para no ir tras las metas que cree Dios le ha dado? El mensaje de Dios para usted es que él le dará las habilidades y capacidades necesarias, y hará que sea eficaz al relacionarse con las demás personas.

No deje que otros le digan lo que puede o no puede hacer en la consecución de las metas de Dios. Confíe en que el Señor le dará lo necesario para cumplir lo que le ha encomendado. Dios le revelará con exactitud lo que necesita y qué tácticas empleará.

Pida la dirección divina en cada paso del camino. El apóstol Pablo ciertamente lo hizo. Confiaba totalmente en que el Espíritu Santo le mostraría a dónde debía ir, con quién debía hablar, con quién debía estar, qué iba a hacer, cuánto tiempo se debía quedar, cuándo debía salir y a qué lugar iría a continuación. A veces Pablo hizo sus planes como mejor pudo, solo para que el Espíritu Santo le revelara: «Mejor ven acá». Y el apóstol fue fiel a la dirección del Señor en toda ocasión.

No se menciona en las Escrituras que Pablo planificara de modo consciente predicar en las ciudades más importantes del Imperio Romano, donde el transporte y los sistemas de comunicación estaban desarrollados a tal punto, que miles de personas podrían no solo oír el evangelio sino también llevarlo hasta los confines de la tierra. Sin embargo, eso fue precisamente lo que ocurrió cuando el apóstol siguió la guía del Espíritu Santo. La predicación del evangelio tuvo resultados notables en lugares como Corinto y Éfeso, grandes ciudades que constituían puertos importantes, lugares estratégicos en distintas rutas comerciales y centros de comercio internacional. Pablo tenía la meta de predicar el evangelio a tantas personas, y tan eficazmente, como fuera posible. El Espíritu Santo suplió los detalles sobre dónde, cómo y a quién.

Confíe en que Dios hará por usted lo que hizo por Noé, Moisés y Pablo. Confíe en el Espíritu Santo para los prácticos «cómo» relacionados con su éxito. Crea que Dios lo equipará totalmente para todo lo que le ha encomendado.

Una revelación constante

En 1989 me encontraba en un cuarto de hotel en Kansas City, caminando hacia la ventana para mirar hacia afuera, cuando el Señor habló a mi corazón: «Voy a hacer que tu nombre sea un mensaje familiar en todo el mundo». Retrocedí y pensé: *Stanley, ese es el pensamiento más egoísta que alguna vez hayas tenido.* Entonces pensé otra vez: *Pero yo no lo inventé. Nunca he tenido ningún deseo de que mi nombre sea un mensaje a las familias por todo el mundo.* Dije: «Señor, si esto es de ti, ¿cómo podría ser posible?»

Inmediatamente mi atención se dirigió al techo de un edificio frente al hotel. Estaba lleno de antenas parabólicas. No comprendí totalmente cómo el Señor iba a hacer lo que había hablado a mi corazón, pero supe que tenía que ver con los medios de comunicación. En esos días no le dije a nadie ni una palabra de esto; de hecho, no lo hice hasta hace unos pocos meses.

En 1991, dos años después, me encontraba en un retiro con los miembros de mi personal. Habíamos pasado parte de la mañana leyendo la Biblia, orando y haciendo caminatas para oír lo que Dios quería decirnos individualmente. Cuando nos reunimos como grupo me sentí llevado hacia las últimas palabras de Jesús registradas en el evangelio de Mateo: «Id y haced discípulos a todas las naciones». Dejé de leer y pregunté a uno de mis socios: «¿Es posible llevar el evangelio a todas las naciones?» Me contestó: «Sí, creo que sí».

Oramos un poco más y hablamos de cómo podríamos llevar el evangelio a toda nación.

Entonces dije: «Dispongamos nuestras mentes y energías para hacerlo en un plazo de dos años, pero no hablemos a nadie de esto. Veamos lo que Dios hará». Comenzamos a planificar y a trabajar. Una semana antes de cumplirse los dos años estábamos en el aire con el evangelio —por medio de radio, televisión o radio de onda corta— en cada nación de la tierra.

No fue hasta hace poco que vi la conexión entre 1989 en Kansas City y 1991 en el retiro. Entonces se hizo claro: Dios supo todo el tiempo lo que quería e iba a hacer. Pero para mí, un ministerio de comunicación en todo el mundo ha sido una revelación constante.

Quizás Dios no le diga todo lo que necesita saber al comenzar a perseguir una meta. Tal vez él tenga objetivos, métodos y medios que se revelan ante usted cada vez que da cada paso de fe. Busque la continua revelación de Dios.

Cómo convertir la creencia en realidad

El proceso de creer es en realidad algo muy sencillo. Mientras más cree en algo, más se motiva a actuar en esa creencia. Estos son los pasos desde creer hasta actuar:

Visualice su éxito

Su creencia activará su imaginación. Podrá visualizarse haciendo lo que cree que Dios le encomienda.

¿Cree que el Señor lo ha llamado y equipado para ser un vendedor destacado, alguien que utiliza sus ganancias para ayudar a consolidar la evangelización por todo el mundo? Si cree eso realmente, podrá verse a sí mismo realizando ventas. Podrá visualizarse cerrando negocios y viendo cómo se inscriben las personas en lo que les ofrece, o comprando lo que les vende. También podrá visualizarse dando sus ganancias a un proyecto que el Señor le ha revelado como algo digno de sus ofrendas. Podrá ver ese ministerio impactando vidas para Cristo: ganando almas, animando a creyentes y enseñando a otros la verdad del amor del Señor y los mandamientos de la Palabra de Dios.

¿Ha perdido su empleo? ¿Cree que Dios tiene otro empleo para usted, uno que incluso se ajusta mejor a sus capacidades? ¿Puede visualizarse yendo a una entrevista, exhibiendo confianza y consiguiendo ese empleo? ¿Puede visualizarse haciendo un trabajo excelente en su nuevo empleo? ¿Puede visualizarse trabajando con otros en ese lugar de empleo; creando, desarrollando y produciendo nuevos productos y proyectos para beneficio del mundo?

Su capacidad de visualizar su triunfo se relaciona directamente con lo que cree. Fluye de su creencia, y a la vez, la fortalece.

La Biblia nos dice: «La fe es la certeza de lo que se espera, la convicción de lo que no se ve» (Hebreos 11.1). No hay nada malo en visualizar el éxito piadoso. Esa es la esencia misma de la fe; creer que se cumplirán los planes y propósitos de Dios.

Ser capaz de visualizar su éxito refuerza su confianza. ¿Alguna vez le han pedido que dé una charla a un grupo de personas, pero se aterrorizó solo de pensarlo? Revise su creencias. ¿Cree realmente que Dios puede ayudarle a hacer esto? Mientras más firmemente crea que, en Cristo, podrá dar esa charla y que Dios quiere que la dé, mayor será su motivación para preparar un buen mensaje y darlo con confianza. Visualícese dando una excelente charla. Visualícese de pie detrás del atril, sonriendo confiadamente a la audiencia y dando el mensaje que Dios le ha permitido preparar.

¿Cree que Dios puede ayudarle a vencer una clase particular de tentación? Visualícese en una situación tentadora y alejándose de ella.

¿Cree que Dios puede ayudarle a vencer un mal hábito? Visualícese diciendo no al impulso de participar en él.

Visualice lo que quiere ser, hacer y conseguir. Visualice cómo quiere vivir y cómo quiere trabajar, relacionarse con otros y seguir tras sus metas.

No visualice lo negativo. Visualice todo lo positivo que Dios ha puesto delante de usted como mandamientos, objetivos y deseos piadosos.

Sacúdase las telarañas de no creer en su éxito

Las telarañas pueden aparecer hasta en los hogares más limpios. Lo mismo aplica a las telarañas de la duda que pueden invadir su creencia. No es pecado tener dudas; lo que cuenta es lo que decide hacer cuando las tiene.

Cuando visualiza su triunfo en cualquier área de su vida, es probable que la duda haga explosión de manera repentina, inesperada y quizás descomunal. Se descubrirá dudando si en verdad ha oído a Dios, preguntándose si en realidad está con usted, sintiéndose inferior e indigno y comparándose con otros. Las dudas podrían parecer interminables.

De inmediato debe tomar autoridad sobre esa duda. Exactamente de la misma manera que haría con una telaraña que cuelga en su sala: «Me libraré de ella con solo un escobazo». Debe decirle a una telaraña de duda: «desapareceré esto con un golpe de fe». ¡Entonces saque la escoba de su fe y póngase en acción! Proclame las promesas de Dios. Cite la Biblia en voz alta. Enfóquese en versículos que hablen del poder, la autoridad, la capacidad y el anhelo que Dios tiene de impartir su presencia en usted.

Mientras más enfrente una duda con expresiones de fe, con más facilidad se desvanecerá, y con ella se disipará el temor.

Como parte de enfrentar las dudas, manifieste *en voz alta* palabras positivas de fe. Pueden ser versículos bíblicos o afirmaciones positivas acerca de usted o de la situación que tiene enfrente.

Piense por un momento en una cocinera que prepara una cena y antes de comenzar a servir dice a sus invitados: «Tal vez no sea conveniente comer esto, pero de todas maneras reunámonos alrededor de la mesa» o «mi horno es nuevo, por lo que no estoy segura que este platillo esté bien cocido, pero probémoslo» ¿Cuál sería su reacción si fuera un invitado? Probablemente se muestre renuente a comer.

Pero otra cocinera podría decir a sus invitados: «Esta es una de mis recetas favoritas» o «desde que leí la receta por primera vez, he estado ansiosa por probarla». ¿Cuál sería su reacción? ¡Muy probable tenga la boca hecha agua antes de sentarse a la mesa!

Si no tratamos de resolver rápidamente nuestras dudas, se podrían convertir en miedo paralizador. Como leemos en el libro de Job:

El temor que me espantaba me ha venido, y me ha acontecido lo que yo temía. No he tenido paz, no me aseguré, ni estuve reposado; no obstante, me vino turbación. (3.25-26)

Cuando surjan en usted dudas y temores, debe olvidarse de los fracasos del pasado, hacerse el sordo a las críticas ajenas, y seguir adelante con su fe. Quite la mirada de sus dudas y temores y póngala en el Señor.

Hable de lo que es verdadero desde la perspectiva *de Dios*. Decida confiar en que su Palabra es cierta y que él lo capacitará para visualizar el mismo triunfo al que lo llama. No olvide que lo que dice para disipar sus dudas y temores tiene gran influencia en lo que finalmente hará.

Dé un valiente paso de acción

Mientras más firme sea su creencia y mayor sea su capacidad para sacudir las telarañas de la duda, con mayor probabilidad dará un paso valiente hacia su meta. Haga algo positivo hacia el cumplimiento del objetivo que Dios le ha ayudado a fijar. No espere hasta que pueda dar un paso enorme. Dé el paso que puede dar ahora mismo. Estará un paso más cerca del éxito.

Diez consejos para fortalecer su sistema de creencias

Un firme sistema de creencias es esencial para comenzar a dar pasos hacia su meta y a lo largo de todo el sendero del éxito. He aquí diez consejos para el fortalecimiento de su sistema de creencias, los cuales podrá aplicar a cualquier situación y en cualquier día:

1. Declare con confianza y valentía: «Dios me dotó de todo lo que necesito para ser lo que él anhela que sea y para lograr lo que él quiere que logre». Recuérdese una y otra vez esta verdad, tan a menudo como sea necesario.

2. Recuerde con frecuencia la promesa de Dios de hacer sendas donde no parece haber nada. Vuelva a leer porciones bíblicas que ilustran esta verdad: la liberación de Daniel del foso de los leones, la libertad de Sadrac, Mesac y Abed-Nego del horno de fuego, la apertura del Mar Rojo para que los israelitas pudieran atravesarlo, la provisión hecha para Elías cuando huía de Jezabel, la liberación de Pedro de la cárcel de Herodes, la provisión de los reyes magos para la huida de José, María y el pequeño Jesús a Egipto, la resurrección de Jesús de entre los muertos. No importa cuán negras o desilusionadoras parezcan las circunstancias, recuerde: ¡Dios puede abrir una senda!

3. Marque en su Biblia todo versículo que hable de valor, confianza, fe y certidumbre. Sugiero que los marque usando marcadores en colores. Cuando hojee la Biblia descubrirá que está llena de versículos que edifican la fe. También encontrará que es fácil acceder a esos versículos cuando más necesita alimentar su fe.

4. Ore las promesas de Dios. Cuando lea en voz alta versículos de promesas, conviértalos en oraciones, diciendo: «Señor, tú dices en tu Palabra...» El Señor no necesita un recordatorio, ¡pero *usted sí!* Al recordarle a Dios sus promesas está reforzando en usted la verdad de ellas.

5. *Visualice y afirme sus activos.* Recuérdese sus talentos, capacidades, habilidades y buenas cualidades de carácter. Visualícese usando sus activos al máximo de productividad con la máxima calidad. Véase estableciendo buenas relaciones y haciendo un trabajo excelente, con una sonrisa en el rostro y con gozo en el corazón. No se limite a decir: «Estoy *tratando* de hacer lo mejor». En vez de eso, diga: «¡Me estoy convirtiendo en lo mejor que puedo llegar a ser!»

Cualquier persona que solo se enfoque en sus faltas y fracasos terminará deprimida. Decida enfocarse en las buenas características y talentos que Dios ha edificado en su vida.

6. *Haga una lista de cualidades de carácter que quiere desarrollar y luego memorícela.* Ponga su atención en lo que hace y desea hacer, en qué clase de persona es y anhela llegar a ser. Haga una lista de las cualidades de carácter por las que quiere que le conozcan, y luego pida al Señor que le ayude a desarrollarlas. Visualícese hablando, respondiendo y actuando como hablaría, respondería y actuaría una persona espiritualmente madura.

7. *Reemplace activamente las afirmaciones y pensamientos negativos con afirmaciones y pensamientos positivos.* Observe continuamente sus pensamientos y su vocabulario. Cuando se descubra pensando o hablando de manera negativa, piense de inmediato algo positivo o diga palabras positivas. Haga un esfuerzo activo, coordinado e intencional de reemplazar sus patrones negativos de pensamiento y vocabulario. Considere que expresiones como *no puedo, no podré* y *no podría* son banderas rojas en la manera de pensar y hablar. Dígase a sí mismo: «¡Todo lo *puedo* en Cristo que me fortalece!»

8. *Cuando surja un obstáculo, declare valientemente: «Si Dios es por mí, ¿quién contra mí?»* (Romanos 8.31). ¿Es Dios lo suficientemente grande, extraordinario, poderoso, sabio y fuerte como para manejar cualquier problema que usted pueda imaginar? ¡Por supuesto! Pablo

también escribió que el Señor es «poderoso para hacer todas las cosas mucho más abundantemente de lo que pedimos o entendemos» (Efesios 3.20).

Cuando usted no puede, Dios puede. Cuando usted es débil, él es fuerte, cuando usted no sabe, él *sí* sabe. Cuando usted está indefenso, él es todopoderoso. Cuando usted no tiene una respuesta, él la tiene. El Señor es capaz de manejar cualquier problema, cualquier enemigo, cualquier obstáculo en cualquier momento y en cualquier lugar.

9. *Cuando se sienta acosado por Satanás, diga en voz alta: «Padre Santo, quiero darte gracias por eres más grande en mí que cualquier cosa que Satanás pueda hacerme».* Recuerde las palabras de 1 Juan 4.4: «Mayor es el que está en mí, que el que está en el mundo».

10. *Recuérdese continuamente: «Dios está conmigo en esto».* El Señor no está confundido, preocupado, temeroso, cansado ni tiene duda en ningún momento con respecto a nada. Él siempre está a su lado. Nunca se olvidará de usted ni lo abandonará. Es omnipresente para ayudarlo en todo lo que está alineado con sus mandamientos y sus más altos planes y propósitos para su vida.

Espere el éxito

Inicie cualquier nuevo proyecto, tarea u oportunidad con la idea: «¡Veamos qué puedo hacer!». En lugar de enfocarse en problemas y obstáculos que *podrían* surgir, establezca una meta que le parezca factible. Y espere tener éxito en alcanzarla.

Un amigo me dijo: «Me faltaban casi veinte horas de trabajo por realizar el día anterior a mi partida en un viaje internacional de negocios. No tenía idea de cómo iba a hacerlo todo, pero cuando me disponía a dormir la noche anterior, oré: "Señor, dame un buen descanso en esta noche, y así tener la energía necesaria para dar mañana lo mejor de mí".

«Cuando desperté esa mañana a las seis, le pedí al Señor sabiduría y energía; le pedí además que supiera aprovechar mi tiempo y no tuviera interrupciones innecesarias en el día que tenía por delante. Me concentré en las tareas a la mano y me metí de lleno en ellas. Para mi enorme sorpresa, a las diez de la noche ya había hecho todo. Hasta tuve la oportunidad de revisar algunos de los puntos de mi informe y estar seguro de su exactitud. ¡Tenía las maletas hechas y estaba listo para el viaje!»

Otra persona me dijo en cierta ocasión: «Cuando no sé si puedo terminar algo en el tiempo asignado, digo: "Bueno, no sé si *no* lograré hacer esto", por lo que comienzo y me entrego por entero a la tarea. ¡Generalmente la termino!

Decida creer

¿Está consciente que su cuerpo no puede distinguir entre lo real y lo imaginario? Si un gigantesco oso pardo de casi media tonelada de peso irrumpiera pesadamente en el salón donde está leyendo en este mismo momento, usted no dudaría en saltar y correr para ponerse a salvo. ¡Y con toda razón! Sin embargo, ¿qué pasaría si un individuo entra a su tienda de campaña en el desierto, en medio de las sombras de la noche, con un disfraz muy realista de un oso pardo y haciendo sonidos muy parecidos a los que hace un oso? ¡También saldría corriendo! ¿Por qué? Porque su mente no distinguiría si esa figura es real o no. Reaccionará a lo que percibe, ¡un enorme objeto peludo que parece, gruñe y se mueve como un sanguinario oso pardo!

Cuando usted se imagina triunfando, su cuerpo y su mente se mueven en dirección a ese triunfo. Se crea un sendero mental que se hace real con el tiempo, y es como si realmente *estuviera* ejecutando lo que se imagina estar haciendo. Su cuerpo alinea sus reacciones espontáneas, de tal manera que se crea una tendencia intrínseca a reaccionar en una manera positiva y triunfadora.

Lo mismo se aplica, sin embargo, si se imagina fracasando. Usted estaría estableciendo sendas mentales y tendencias hacia el fracaso.

Un hombre tuvo en cierta ocasión una idea que según él ayudaría a las personas, por tanto escribió un libro en el que la explicaba. Envió el manuscrito a una gran cantidad de editores, y cada uno lo rechazó.

—Fracasé —dijo finalmente—. Me olvidaré de este proyecto y seguiré adelante.

Tiró el manuscrito a la basura de su estudio, entonces su esposa lo vio y se dispuso a sacarlo.

—No saques eso de la basura —le dijo el esposo.

Ella no lo hizo. Pero al día siguiente, mientras sacaba la basura, se le ocurrió una idea. Fue personalmente hasta donde un editor que su esposo no había contactado.

—Tengo un manuscrito que me gustaría que usted revisara —le dijo.

La mujer se agachó y levantó del suelo un gran objeto y lo colocó sobre el escritorio. Estaba envuelto en papel de estraza y era mucho más grande que todos los manuscritos de libros que el hombre había visto.

—¡Vaya! ¿Qué clase de manuscrito es este? —preguntó el editor.

—Ábralo y se dará cuenta —contestó la mujer.

Cuando el editor abrió el paquete, encontró un bote de basura y, dentro de él, el manuscrito del esposo de la mujer. No lo había sacado del bote, pero tampoco había vaciado la basura. Al hombre le intrigó tanto lo que había sucedido, que se fue a casa y se dedicó a leer el manuscrito de principio a fin. Le gustó lo que leyó, y publicó el libro. Este se convirtió en un éxito de librería a nivel mundial.

¿Es posible evitar desanimarse o tener dudas acerca de su capacidad de triunfar en su trabajo? No.

¿Es posible evitar preguntarse ocasionalmente si está en el camino correcto o si Dios lo respalda? No.

¿Es posible no cuestionar si funcionarán ciertos principios en la Palabra de Dios? No.

Pero sí es posible en esos momentos de duda elegir creer. Es posible reafirmar que Dios lo ha llamado al éxito, que está con usted y que su Palabra es verdadera. Es posible animarse personalmente con la Biblia, fortalecer su fe y reforzar su poder de creer.

Usted se puede convertir en la persona que Dios le ha ordenado ser.

Puede lograr todas las metas que Dios le ha fijado.

Puede tener la seguridad de la verdad en la Palabra de Dios.

Puede confiar que Dios está con usted y lo ayuda.

¡Créalo!

13

PERSISTA HASTA QUE TRIUNFE

Nunca he conocido a alguien que no haya querido tener éxito en *algo*. Al mismo tiempo, he conocido muy pocas personas que triunfan en *todo*, o en la mayoría de las metas que a su entender son las que Dios les ha dado para su vida.

Muchos de los que anhelan triunfar empiezan muy bien y alcanzan un nivel moderado de éxito. Pero después, ante el primer obstáculo que encuentran, permiten que les sobrevenga el desánimo. Si no hacen nada para contrarrestarlo y para remediar la situación o resolver el problema, tanto el obstáculo como el desánimo permanecen allí. Con el tiempo, se rinden y se conforman con el nivel de éxito que lograron antes de enfrentar problemas por primera vez y desanimarse. Ese nivel de éxito está muy lejos del que podrían haber alcanzado.

Dios tiene para *un plan y un propósito que nunca deja de crecer*. Nunca alcanzará totalmente lo que podría llegar a ser; nunca hará todo lo que es capaz de hacer. Pero cada día está llamado a convertirse en lo que Dios expone como el patrón de carácter para usted: la plenitud de la madurez de Cristo Jesús. Y también está llamado a seguir tras las metas que Dios le ha ayudado a establecer para su vida. No existe justificación en la Palabra de Dios para permanecer desanimado o para renunciar.

De la misma manera en que Dios no le da a un hijo para que lo abandone, tampoco le da una meta para no cumplirla. Está llamado a persistir, perseverar y soportar. ¿Hasta cuando? Hasta el *fin*, ¡que será el día en que usted muera o Jesús regrese a esta tierra!

La característica única de todo triunfador

La persistencia es una cualidad que encontrará en la vida de toda persona que ha logrado algo que valga la pena. Esta característica se ve en una madre, un padre, un hombre de negocios, un obrero de una fábrica, un pastor, un contratista, un artista, un músico, un maestro o un médico triunfador. Nombre cualquier profesión o área de servicio y ministerio, y encontrará persistencia como un rasgo de carácter en aquellos que están en la cumbre de ese campo.

La persistencia es la combinación de un firme anhelo y la voluntad. Es la capacidad de continuar en el camino a pesar de toda clase de dificultades, obstáculos y desánimos, y no renunciar. Mientras los demás dicen: «No estoy seguro que esto funcione» o «parece imposible», los persistentes dicen: «Intentémoslo con más denuedo. Continuemos». La persistencia es una determinación férrea de ir hacia adelante en vez de detenerse o hacerse a un lado.

Cuando todos se den por vencidos con su hijo, persista en su amor y sus esfuerzos en beneficio del muchacho.

Cuando todos le abandonen ante su enfermedad o problema, persista en su fe y sus esfuerzos por vencer y sanarse.

Cuando los demás no vean futuro, continúe creyendo en Dios por un mañana brillante.

Eso es ser *persistente*.

Pablo escribió a los corintios sobre varios de los sufrimientos y circunstancias difíciles que había sufrido en su caminar con el Señor:

¿Son ministros de Cristo? [...] Yo más; en trabajos más abundante; en azotes sin número; en cárceles más; en peligros de muerte muchas veces. De los judíos cinco veces he recibido cuarenta azotes menos uno. Tres veces he sido azotado con varas; una vez apedreado; tres veces he padecido naufragio; una noche y un día he estado como náufrago en alta mar; en caminos muchas veces; en peligros de ríos, peligros de ladrones, peligros de los de mi nación, peligros de los gentiles, peligros en la ciudad, peligros en el desierto, peligros en el mar, peligros entre falsos hermanos; en trabajo y fatiga, en muchos desvelos, en hambre y sed, en muchos ayunos, en frío y en desnudez; y además de otras cosas, lo que sobre mí se agolpa cada día, la preocupación por todas las iglesias. (2 Corintios 11.23-28)

¿Hay hoy día alguna persona que haya pasado por tantos apuros, sufrimientos y dificultades al ir tras su meta? Sin embargo, no hay indicación alguna de que Pablo alguna vez renunciara o decidiera que ya era suficiente el nivel de madurez en Cristo que había alcanzado.

Si la inmensa mayoría de cristianos que conozco experimentaran solo una décima parte de lo que Pablo sufrió, llegarían a esta conclusión: «Dios no me debe haber llamado a hacer esto. Si así fuera, esto sería más fácil». La realidad es que el Señor no nos llama a una vida fácil. Nos llama a perseverar, a pesar de las circunstancias externas, en la consecución de lo que nos ha ayudado a establecer como metas divinas.

El factor determinante de la persistencia

¿Qué determina cuán persistentes somos?

El valor que ponemos en la meta.

Si nuestras metas son desenfocadas e inciertas, no persistiremos en ir tras ellas. Si hemos fijado objetivos demasiado bajos, no sentiremos ninguna necesidad de ser persistentes. Si nuestras metas son de nuestra propia creación, no nos sentiremos comprometidos con ellas ni tendremos persistencia en alcanzarlas. Pero si están bien definidas, son de Dios, y representan un desafío importante para nosotros, les daremos un elevado valor y seguiremos tras ellas con diligencia.

¿Cuán importantes son sus metas para usted?

¿Son un asunto de vida o muerte, si no para usted, tal vez para alguien más?

¿Involucran sus metas la vida o muerte eterna de otros?

Si sus metas no tienen gran valor o propósito, le animo a que las reevalúe. Dios quizás desee que usted haga mucho más.

Si una madre le llevan a su amado bebé de la cuna, perseguirá a los secuestradores hasta que logre recuperar a su hijo. Aun si cae agotada a un lado del camino, se levantará y continuará la persecución hasta volver a tener a su hijo en brazos. Nada la detendrá ni será infructuosa su búsqueda. Esa es la manera en que debe ir tras sus metas.

Jesús nos dio varias parábolas en las cuales la persistencia era un factor clave. En el evangelio de Lucas leemos las siguientes palabras:

> ¿Qué hombre de vosotros, teniendo cien ovejas, si pierde una de ellas, no deja las noventa y nueve en el desierto, y va tras la que se perdió, hasta encontrarla? Y cuando la encuentra, la pone sobre sus hombros gozoso [...] ¿O qué mujer que tiene diez dracmas, si pierde una dracma, no enciende la lámpara, y barre su casa, y busca con diligencia hasta encontrarla? [...] Así os digo que hay gozo delante de los ángeles de Dios por un pecador que se arrepiente. (Lucas 15.4-10)

Usted podría argumentar: «Pero es que nadie conoce mis circunstancias». Es verdad, nadie las conoce. Pero puedo decirle esto: no importa qué dificultades o privaciones esté sufriendo, alguien más ya pasó por ellas y persistió en buscar una solución o en soportar ese contratiempo hasta colocarse del lado de la victoria. Mientras más biografías lea, tanto largas como cortas, sea de personas famosas o desconocidas, más descubrirá que no hay un problema conocido para el hombre que alguien persistente no lo haya enfrentado y *vencido*.

Al apóstol Pablo lo impulsaban tres aspectos importantes al ir tras su meta, la cual era evangelizar el mundo mediterráneo.

Primero, Pablo sabía que Dios le había dado sus objetivos. No desmintió su experiencia en el camino a Damasco. Sabía que Jesús lo había salvado y le había dado la comisión de extender el evangelio. ¿Tiene la seguridad de que el Señor le ha dado sus metas? Si no es así, debe pasar tiempo con Dios hasta estar seguro de que los objetivos que persigue son las metas *de él* para su vida.

Segundo, Pablo tenía un objetivo muy claro: llevar el evangelio no solo a los judíos sino también a los gentiles. ¿Puede usted fijar sus metas de manera clara y concisa? ¿Existen áreas confusas o aspectos dudosos en sus objetivos? Si es así, pida a Dios que le dé claridad.

Tercero, Pablo se sintió obligado a llevar la verdad a quienes no la tenían. Se sintió responsable de seguir su meta de predicar el evangelio debido a que sabía la influencia que esta podía tener en las vidas de las personas. Se sintió responsable de cumplir el plan y el propósito que Dios tenía para su vida porque valoró muchísimo su salvación.

¿Cuán agradecido está hoy día por su salvación? ¿Cuán agradecido está por la vida en Cristo que hoy lleva? ¿Se siente responsable de compartir con otros la vida de Cristo? Si no es así, pídale al Señor que le revele el alto precio y el valor total que tuvo que pagar por su salvación. Pídale que le revele el futuro que le espera a quienes no conocen a Jesucristo como Señor y Salvador. Pablo tenía un claro entendimiento de la destrucción eterna de juicio que espera a quienes mueren sin Cristo. Escribió a los corintios: »El amor de Cristo nos constriñe« (2 Corintios 5.14).

Si usted sabe: (1) que sus metas son de Dios, (2) que son claras y precisas, y (3) que están relacionadas con la vida o la muerte eterna de las almas perdidas, le dará mayor valor a sus objetivos. ¿Cómo podría no persistir en ir tras ellos? Nada pudo evitar que el apóstol Pablo siguiera adelante, y nada podrá detenerlo a usted si sus metas tienen estas tres características.

No hay duda que Jesús tuvo esas tres cualidades en relación a su meta, que era entregar su vida en el Calvario para expiar los pecados de usted y los míos. Dijo una y otra vez que ese era el propósito para el cual había sido predestinado desde antes de la fundación del mundo. En su vida terrenal, Jesús nos dio un hermoso modelo por el cual vivir. Pero el propósito real de su vida se encuentra en su muerte.

En Lucas 9.51 leemos esto acerca de Jesús, cuando se acercaba la culminación del motivo que lo tenía en esta tierra: »Cuando se cumplió el tiempo en que Él había de ser recibido arriba, afirmó su rostro para ir a Jerusalén». Jesús tenía una determinación absoluta, inquebrantable e incondicional de ir a Jerusalén y a la cruz. Nada podía haberlo detenido. Había venido al mundo por esta razón.

Mientras Jesús hacía ese viaje, dijo a varios que caminaban con él: «Sígueme». Un hombre replicó: «Déjame que primero vaya y entierre a mi padre». Otro dijo: «Te seguiré, Señor, pero deja que me despida primero de los que están en mi casa». Jesús les dijo: «Ninguno que poniendo su mano en el arado mira hacia atrás, es apto para el reino de Dios» (Lucas 9.59-62).

Se necesita persistencia para vivir de manera piadosa en esta tierra, para proclamar a Cristo sin importar lo que otros digan y para soportar y *crecer* en una relación íntima con el Señor. No hay alternativa. Su compromiso debe ser total y sin titubeos.

No hay tal cosa como ir a la iglesia durante algunos años para luego desistir.

No existe el orar por algunos minutos al día durante unos pocos meses para luego dejar de hacerlo.

No existe el leer algunos libros de la Biblia para luego no continuar. ¡No! La vida que debe vivir en Cristo Jesús es una con la actitud de persistir hasta el momento en que muera. Es un camino de fe de toda la vida, a pesar de las circunstancias. Es un llamado persistente a madurar hasta conformar la plena estatura de la semejanza con Cristo Jesús.

¿Y qué de jubilarse?

El mundo le dice que se jubile a los sesenta y cinco o setenta años de edad. El mundo incluso valora a quienes han podido ganar suficiente dinero para jubilarse a temprana edad. La Palabra de Dios dice que no hay jubilación para el creyente. Las metas que Dios le da son para toda la vida. Usted nunca debe dejar de crecer, testificar, orar, estudiar la Biblia, aprender, asistir a la iglesia, o dejar de hacer lo que pueda para ayudar a los demás.

¿Y qué de las luchas?

Hay quienes reclaman que debe dejar toda lucha y «descansar» en el Señor (Salmos 46.10; 37.7). ¿Significa esto que no debe seguir adelante con diligencia y tenacidad? No. Estos versículos sobre descansar en el Señor se refieren a poner su confianza en él. Usted debe descansar en Dios por completo, dejando todo esfuerzo propio y confiando en él de todo corazón. Los ejemplos más edificadores de abandonar todo esfuerzo propio y poner toda la confianza en el Señor se encuentran en una persistente búsqueda de Cristo.

Una búsqueda de objetivos piadosos se arraiga en la fortaleza, los propósitos y la sabiduría de Cristo. La persona que persiste en llevar una vida madura en Cristo ya no necesita luchar para que las cosas sucedan por sus propias fuerzas, poder o capacidad sino que debe confiar completamente en el Señor para hacer la obra de él en su vida y a través de ella.

¿Luchó y se esforzó Jesús para hacer que las cosas sucedieran? No.

Él confió en el Padre. Aun en el Getsemaní, cuando su alma estaba destrozada por la agonía y el dolor, confió en el Padre.

¿Por qué es tan importante la persistencia?

La persistencia es necesaria para vencer el desánimo. La persistencia es vital para triunfar pues las derrotas, los fracasos, las equivocaciones y las dilaciones son inevitables. No importa cuánto desarrolle sus habilidades o cuán educado pueda estar en alguna profesión determinada, cometerá errores y experimentará períodos de fracaso de vez en cuando. Vivimos en un mundo caído y no hay forma de evitar cometer equivocaciones. El problema con los fracasos, fallas y errores es que muchos no sabemos cómo tratar con ellos. Permitimos que nos desanimen, aun cuando sabemos que nos enseñan valiosas lecciones al experimentarlos.

En su época, la mayoría de la gente tildó de necio a Cristóbal Colón. Pero él persistió en su meta hasta que la consiguió.

Tomás Edison fue uno de los inventores más prestigiosos en la historia estadounidense. ¿Sabía que asistió a la escuela formal por menos de tres meses? ¿Sabía que, según sus propios cálculos, Edison hizo diez mil experimentos que fracasaron? Sin embargo, persistió en sus objetivos hasta alcanzarlos.

Babe Ruth fue uno de los más grandes bateadores de todos los tiempos. ¿Sabía que también tiene el récord de ponchadas? Cada vez que Babe Ruth salía a batear, sin embargo, tenía un solo pensamiento: lanzar la bola detrás de la malla. Nunca se rindió.

La persistencia es necesaria si va a triunfar como testigo de Cristo. Mientras estaba en la universidad, trabajé durante tres veranos en una fábrica de textiles. Me asignaron a la sección de decoloramiento: un sitio sumamente cálido e incómodo donde la tela pasaba por tanques de lejía. Los hombres que trabajaban allí a tiempo completo eran muy rudos. No sé de dónde sacaron el apodo, puesto que solo tenía dieciocho años cuando empecé a trabajar allí, pero los hombres comenzaron a llamarme «el diácono».

Al principio me apodaban así con un tono de burla. Se reían de mis referencias al Señor y de mi deseo de hablar acerca de Dios. Pero como a los tres meses de mi primer verano de trabajo noté un cambio en mis compañeros. Ya no me criticaban tanto. Cuando me acercaba, dejaban de hacer chistes vulgares y obscenidades. Algunos hasta se disculparon por la manera en que me trataron los primeros días en el trabajo.

El verano siguiente al regresar a la fábrica, la mayoría de esos hombres aun estaban allí. Se alegraron al verme. Me trataron muy bien. No escuché palabras soeces ni chistes vulgares. Dios estaba haciendo algo en sus vidas.

En el tercer verano, algunos de los hombres comenzaron a pedirme que les hablara de mis convicciones y de mis razones para creer. Tuve la oportunidad de testificarles. Un par de ellos comenzaron a asistir a la iglesia con sus esposas.

Pude haberme callado la boca los tres veranos que trabajé en esa fábrica, y tal vez el día en que salí de ella habría sido exactamente como el día en que entré. Pero ese no es el plan de Dios para ninguno de nosotros. Él espera que seamos transformados para luego transformar el ambiente que nos rodea. Hacemos esto si persistimos en nuestra persecución de las metas de Dios para nuestra vida, tanto en lo que hemos de *ser* como en lo que hemos de hacer.

¿Qué objetivos persigue hoy? ¿Se niega a renunciar? ¿Está *persistiendo*?

Cinco principios que debe aprender sobre la persistencia

Debe aprender cinco principios claves si desea fortalecer su resolución de persistir hasta alcanzar sus metas:

1. *Un individuo no es un fracasado solo porque fracasa.* «Ser un fraca-

sado» y «tener un fracaso» son dos cosas muy distintas. Todo triunfador tiene gran cantidad de fracasos. La diferencia está en que el triunfador se levanta cada vez que es derribado. Usted no es un fracasado mientras no se dé por vencido.

2. Una prueba no significa que deba renunciar a la meta. Una prueba no significa «deténgase aquí». Es una oportunidad de aprender una valiosa lección en su camino de alcanzar sus metas. Un contratiempo temporal solo debería ser eso: temporal. Usted podría experimentar una dilación o enfrentar un problema que debe resolver, pero no considere ese obstáculo como una barrera permanente e insuperable. ¡Busque la manera de pasar por encima, por debajo, alrededor o a través de ese obstáculo!

3. En cada fracaso, encontrará la semilla de un logro equivalente. Decida aprender algo de toda equivocación. Cada vez que experimente un fracaso o cometa un error, prefiera contarlo como una lección de lo que no debe hacer. Cuando aprende lo que *no* debe hacer, se clarifica lo que *sí* debe hacer.

4. Entierre sus fracasos. No enmarque sus fracasos ni los reviva con remordimiento. Entiérrelos y siga adelante. Si necesita perdón, pida a Dios y a los demás que lo perdonen. Pero luego perdónese y ocúpese nuevamente de seguir tras las metas que Dios le ha dado. La única razón para recordar un fracaso o un pecado es evitar cometerlo de nuevo. Prefiera aprender la lección de su error, y siga adelante hacia lo positivo que yace frente a usted.

Algunas personas se comprometen tanto con hablar de cómo Dios las salvó que no siguen adelante y desarrollan un testimonio aun mayor acerca de cómo el Señor les ha ayudado a crecer, desarrollarse y madurar. Siga adelante. Actualice su testimonio a diario. Este no se debe limitar a lo que Dios hizo por usted hace veinte años. Debería incluir lo que hizo hace veinte meses, veinte semanas, veinte días y lo que está haciendo exactamente ahora.

5. Perdone con rapidez a los demás. Usted puede quedar tan atrapado en la trampa de culpar, que pierde todo impulso en la persecución de sus metas. Puede culpar a otros todo lo que quiera y negarse a perdonar a quienes lo han herido, pero la verdad permanece:

- Usted es responsable por sus acciones, respuestas y sentimientos.
- No existe una justificación para herir a otra persona, para albergar resentimiento ni para tomar venganza por su cuenta.
- Tiene una alternativa arraigada en su libre albedrío, acerca de lo que decide hacer cuando enfrenta persecución, daño, crítica u ofensas.
- El juego de la culpa siempre le hace más daño a usted que a los demás. Detiene su crecimiento espiritual, deteriora su relación con Dios y promueve la discordia con los demás.

Cuando culpa continuamente a los demás, en realidad está escogiendo vivir en un estado de falta de perdón. Hace a otros responsables de su sufrimiento y se niega a perdonarlos por lo que le han hecho. Mientras se niegue a perdonar, no puede ser perdonado (Lucas 6.37). Jesús fue muy claro en este asunto. Usted debe perdonar a los demás si quiere recibir el perdón de Dios.

Hace muchos años, un hombre que conozco le prestó a un amigo doce mil dólares, cantidad que en esa época era importante para él y representaba prácticamente todos sus ahorros. Su amigo administró mal el dinero y lo perdió por completo. No solo eso, comenzó a hablar mal de quien le había prestado el dinero y le retiró completamente la amistad. Quien prestó el dinero enfrentaba la pregunta: ¿Cómo debería responder al prestatario?

Un día el hombre habló con otro amigo sobre el asunto.

—Bueno, sabes que debes perdonarlo —le dijo el amigo.

—¿Perdonarlo? ¿Después de lo que hizo? —replicó el hombre.

Pero la semilla de la verdad de Dios estaba sembrada. Mientras más oraba el hombre por la situación y leía la Palabra de Dios, más se convencía de la necesidad de perdonar al hombre y seguir adelante.

Perdonó a aquel hombre con una oración específica e intencional de perdón. Fue un día de extraordinaria libertad y victoria para él. ¿Qué hizo el Señor? Un año después le había restaurado cada centavo que el hombre había prestado. Este no solo tuvo la experiencia de su restauración económica sino que experimentó en su corazón el gozo y la paz de haber hecho lo correcto delante de Dios.

Fue capaz de seguir adelante, sin ningún obstáculo en su fe o en la persecución de sus objetivos. Se quitó de encima lo que pudo haber sido una gran desilusión o un importante escollo para él.

Mientras viva en un estado de falta de perdón hacia quienes lo perjudican, el Señor no puede bendecirlo ni hacer que sus esfuerzos prosperen. No me estoy refiriendo aquí a nacer de nuevo. Me estoy refiriendo a negarse a perdonar los pecados de aquellos que lo han herido, maltratado, perjudicado o criticado. ¡Decídase a perdonar! Se liberará a usted mismo para seguir adelante hacia las metas que Dios tiene para su vida.

Cómo desarrollar un espíritu de persistencia

Además de aprender los cinco principios anteriores, usted puede hacer varias cosas para desarrollar un espíritu de persistencia:

Establezca metas que exijan lo mejor de usted

No se conforme con metas inferiores que pueda lograr con un esfuerzo menos que excelente. Fije objetivos elevados que exijan excelencia en carácter, capacidad y esfuerzo. Recuerde siempre que está tras un Dios de excelencia.

Desarrolle un anhelo ardiente de ver su meta hecha realidad

Profundice su compromiso hacia su objetivo. Estudie y trabaje en él hasta que tenga pasión por lograrlo. Pablo no se decía a sí mismo: «Muy bien, si la oportunidad se presenta, me gustaría viajar a Éfeso, y si es conveniente me encantaría hablar del evangelio con algunas personas mientras estoy allí». ¡No! Tenía en su alma un deseo ardiente por alcanzar a los perdidos en tantos lugares como le fuera posible.

Si permitió que otros lanzaran agua helada a las llamas que una vez ardían en su alma y en su espíritu, pida a Dios que reavive su corazón y haga que las metas que tiene para usted comiencen a arder en su interior. ¡Emociónese con sus metas!

Mantenga la mirada en la meta

No se deje desviar por cada oferta novedosa o mejor negocio. Siempre habrá alguien que le presente una senda lateral atractiva o un desvío interesante. Manténgase enfocado en las metas que Dios le ha dado.

Niéguese a escuchar críticas negativas

No importa quién lo critique a usted o a sus esfuerzos, no preste atención a los comentarios negativos. Un consejo es otro asunto. Un buen consejo, que nazca del deseo de verlo triunfar y que lo haga con el mínimo posible de equivocaciones, es sumamente valioso. Pero no le haga caso a las críticas; las que pretenden acabar con su idea, menosprecian el valor de su meta, frustran una buena causa, servicio o producción de un buen artículo, critican al Señor y a los ministerios que lo sirven o atacan su carácter, apariencia o características físicas. Escuche lo que Dios dice acerca de usted.

Rodéese de personas que lo animen

Encontrará mucho más fácil persistir en el logro de sus metas si se rodea de personas que lo animen y crean, como usted, que Dios está a su lado y que le ayudará. Trabaje con aquellos que anhelan ayudarlo, que oran por usted y que creen que lo que hace es valioso ante los ojos de Dios.

No escuche adulaciones, que se presentan generalmente en un intento de manipularlo o controlarlo. Pero sí escuche y reciba sinceras felicitaciones y palabras de aliento que fortalezcan su fe. Mientras más positivas sean las personas que se encuentren a su alrededor, más fácil le será mantener el positivismo sobre usted y sus metas.

Los comentarios negativos son como gotas de tinta negra indeleble puestas en una jarra de agua cristalina. Oscurecen el alma y traen desánimo al corazón. Hasta donde sea posible, evite influencias y personas negativas.

Le recomiendo que escriba en tarjetas de archivo algunos versículos positivos acerca de la ayuda y la provisión de Dios, y que las mantenga en su bolsillo o cartera. Cada vez que oiga comentarios negativos, saque una de ellas y léala. No permita que el negativismo de otros lo abrume y destruya sus sueños. Responda con positivismo. Si alguien le pregunta qué está leyendo, háblele de la Palabra de Dios. ¡Usted cambiará su entorno!

Busque una lección personal en toda derrota

No pierda tiempo retorciéndose las manos o lamentándose por sus errores o pérdidas. Busque una lección positiva en tiempos de fracaso o derrota. No busque excusas, justificaciones ni razones. Crezca de sus errores.

Practique el autocontrol

Decida gobernar sus emociones en vez de dejar que ellas lo gobiernen. No trabaje basandóse en sus sentimientos, estos van y vienen. No persista únicamente cuando sienta hacerlo. Hágase cargo de sus emociones. No debe gastar energía física y emocional valiosa en iras, odio o amargura. Tampoco debe perder tiempo valioso en holgazanerías ni apatía.

Crea que puede alcanzar sus metas

La persistencia se vincula directamente con la firmeza de sus creencias. Como dije en el capítulo anterior, elija creer que Dios está con usted, que le espera una gran recompensa en el futuro, y que él lo capacitará para poder alcanzar esa recompensa.

Confíe en que el Señor lo ayudará a perseverar

Si su capacidad de persistir se está debilitando, pídale al Señor que renueve su energía y su compromiso con sus metas. Pídale que lo llene de su poder, fortaleza y habilidad.

Dios nunca lo abandonará

El Señor nunca lo abandonará. El propósito de Dios para su vida es que sea conformado a la imagen de su Hijo (Romanos 8.29). Dios no vacila en sus planes y propósitos. Pablo escribió a los filipenses: «El que comenzó en vosotros la buena obra, la perfeccionará hasta el día de Jesucristo» (Filipenses 1.6). Dios no renunciará en la obra de perfección que ha iniciado en usted. Y si no hay ninguna otra razón aparte de esta, nunca debe renunciar a Dios ni a las metas que él ha establecido para usted.

¿Lo abandonó Dios cuando usted era un pecador? No.

¿Lo dejó cuando falló en ser testigo suyo? No.

¿Lo abandonó cuando se alejó de él y comenzó a seguir sus propios deseos? No.

¿Lo abandonó Dios cuando cedió al desánimo en las metas que le confió? No.

¿Lo abandonará Dios en algún momento? ¡No!

Dios siempre está listo y dispuesto a ayudarlo a empezar otra vez, a comenzar de nuevo y a hacer un nuevo intento. Siempre está listo para ayudarlo a perseverar en la persecución de las metas que él tiene para su vida. Vuélvase a él y reciba la ayuda que tan generosamente le ofrece.

Conclusión

Pasos bien ordenados

¿Cuándo es que decidimos que vamos a tener *éxito* de acuerdo a la definición de Dios? Es una decisión que a menudo hacemos en momentos de derrota.

Cuando todo parece ir por la vía equivocada o parece que hemos tocado el fondo, es cuando tendemos a mirar a nuestro alrededor y decir: «A pesar de todo, confiaré en Dios». Con mucha frecuencia, cuando las cosas están saliendo bien, y experimentamos recompensas y resultados positivos, dejamos de lado al Señor. Damos por sentada su presencia, provisión, protección y providencia. Si nos preguntan, diremos que confiamos en Dios, pero casi nunca le agradecemos espontáneamente la continua ayuda y aliento que nos da.

Una de las marcas más importantes de madurez cristiana es un reconocimiento continuo y constante de que el Señor es quien hace posible todas las cosas buenas en nuestra vida. Los creyentes maduros proclaman en toda circunstancia: «Toda buena dádiva y todo don perfecto desciende del Padre» (véase Santiago 1.17).

Muchos de nosotros tomamos la decisión de pararnos firmes y obedecer a Dios *a pesar de lo que suceda a nuestro alrededor.* Esta es la postura que debemos tomar tanto en los momentos de fracaso como en aquellos en que a pesar de sentir que estamos trabajando duro y confiando en Dios, las cosas no parecen salir bien. Debemos afirmar nuestra fe en el Señor cuando los tiempos son difíciles. ¡También lo reto a tomar la decisión de confiar en Dios y obedecerle cuando esté triunfando y todo le esté saliendo bien! Lo reto a deleitarse alabando al Señor por su bondad hacia usted cuando se sienta triunfador, recompensado, apreciado, aplaudido y aceptado.

La Biblia nos dice:

> Por Jehová son ordenados los pasos del hombre, y Él aprueba su camino. (Salmos 37.23)

En tiempos buenos y malos, en días mediocres y emocionantes, en períodos de gozo y de duro trabajo, nuestra posición ante el Señor debe ser: «Padre celestial, tú tienes el control. No tengo más éxito del que me ayudas a lograr. Confío en ti para que ordenes mis pasos».

Recientemente hice un viaje para tomar fotografías a una región hermosa pero bastante remota de los Estados Unidos. Había planificado el viaje durante algún tiempo y esperaba el momento de estar a solas con Dios y mi cámara en ese lugar extraordinario. Sin embargo, cuando llegué a mi destino y fui a la caseta de alquiler de autos, descubrí que no había llevado mis tarjetas de crédito. Acababa de regresar de un viaje internacional y olvidé transferir mis tarjetas de crédito de mi cartera de viajero a mi cartera regular. No tenía suficiente dinero en efectivo para asegurar un auto y sabía que se necesitaba al menos un día —quizás dos— para que alguien obtuviera acceso a mi hogar, encontrara mi cartera de viaje y me hiciera llegar una tarjeta de crédito. Estaba varado. No tener auto significaba no poder viajar a las montañas a tomar fotografías durante un par de días, lo cual constituía una parte importante de mis planes. Fui a mi hotel, pero no desempaqué las maletas.

Mientras trataba de decidir qué hacer, bajé a la cafetería, cuestionando a Dios todo el camino: «¿Te pasé por alto en esto? Parece una gran pérdida de dinero volar hasta aquí para no poder llevar a cabo lo que me proponía hacer». Finalmente concluí mi conversación con el Señor, diciendo: «Tú tienes el control».

Unos momentos después un hombre y una mujer se acercaron a mi mesa.

—¿Es usted el Dr. Stanley? —preguntaron.

—Sí —contesté.

Se presentaron. Los invité a mi mesa y mientras platicábamos les expliqué el problema que estaba enfrentando.

—¡Eso no es problema! —respondió inmediatamente el hombre. —Usted puede tomar uno de nuestros autos durante toda la semana. No lo vamos a usar, y nos encantaría prestárselo.

Acepté.

No solo tuve a mi disposición un auto más nuevo y más bonito del que habría alquilado, y con muchos menos gastos, sino que gané nuevas amistades. También aprendí una vez más que si confiamos en Dios para *todo,* él es fiel.

Cuando salí hacia las montañas la mañana siguiente, tenía intención de tomar una ruta, pero me encontré viajando por otra carretera que tenía un hermoso paisaje por lo que decidí continuar en ella. Parecía que en cada curva encontraba otro paraje que me serviría para tomar una buena foto. Pasé un gran día serpenteando por la carretera, sin ver casi ningún otro vehículo. Con frecuencia me detenía a tomar fotos. «Dios, tú tienes el control» se convirtió no solo en una oración sino también en una alabanza.

Y entonces cuando me encontraba en medio de la nada, sin un alma a la vista, intenté arrancar el auto después de una parada para tomar fotografías y descubrí que se me había quedado sin gasolina. Oré de nuevo: «Señor, tú tienes el control», y poco después de haber orado, se acercó un hombre en un camión.

—¿Necesita ayuda? —preguntó.

—Me quedé sin gasolina —contesté.

—Mi camión está demasiado sucio para que usted entre en él

—dijo, señalando a lo largo de la carretera—, sin embargo hay una estación de servicio como a setenta metros de aquí, exactamente después de la próxima curva.

Una vez más, Dios proveyó.

¿Fue una equivocación el viaje? Pensé que sí por casi una hora después de haber llegado al aeropuerto. Se presentaban todas las señales externas de una derrota. ¿Tenía Dios en mente algo mejor de lo que yo había planeado? Claro que sí. Ese tiempo fue uno de los mejores que he experimentado al fotografiar la obra de las manos de Dios.

Nuestro caminar en esta tierra es exactamente eso: una caminata a lo largo de un sendero. El profeta Miqueas dijo:

> Oh hombre, Él te ha declarado lo que es bueno,
> y qué pide Jehová de ti:
> solamente hacer justicia,
> y amar misericordia, humillarte ante tu Dios. (Miqueas 6.8)

¡Ese es un viaje de éxito!

Moisés preguntó:

> ¿Qué pide Jehová tu Dios de ti, sino que temas a Jehová tu Dios, que andes en todos sus caminos, y que lo ames, y sirvas a Jehová tu Dios con todo tu corazón y con toda tu alma; que guardes los mandamientos de Jehová y sus estatutos, que te prescribo hoy, para que tengas prosperidad? (Deuteronomio 10.12-13)

¡Esa es una vida de éxito!

Confíe hoy en que Dios ordena cada paso que dé hacia el éxito que él desea para usted. Confíe en que él ordena sus pasos y arregla todos los detalles de su viaje mientras camina en fe. Usted tendrá éxito si camina en la senda que el Señor le escogió y si confía en que él ordena cada paso. Experimentará el éxito verdadero, ¡a la manera de Dios!

CPSIA information can be obtained at www.ICGtesting.com
Printed in the USA
LVOW131245060612

284917LV00001B/5/P